CHERYL BRODERSEN

CUANDO UNA
Mujer
SE LIBERA DEL
TEMOR

Unilit   Sepa

Publicado por
Editorial Unilit
Miami, Fl. 33172
Derechos reservados

© 2011 Editorial Unilit (Spanish translation)
Primera edición 2011

© 2010 por Cheryl Brodersen
Originalmente publicado en inglés con el título:
When a Women Lets Go of Her Fears por Cheryl Brodersen.
Publicado por Harvest House Publishers
Eugene, Oregon 97402
www.harvesthousepublishers.com

Diseño de la portada y del interior: Ximena Urra
Ilustración de la portada y del interior: © 2011 glyph.
Usada con permiso de ShutterStock.com

Reservados todos los derechos. Ninguna porción ni parte de esta obra se puede
reproducir, ni guardar en un sistema de almacenamiento de información, ni
transmitir en ninguna forma por ningún medio (electrónico, mecánico, de fotocopias,
grabación, etc.) sin el permiso previo de los editores.

A menos que se indique lo contrario, el texto bíblico ha sido tomado de la versión
Reina Valera © 1960 Sociedades Bíblicas en América Latina; © renovado 1988
Sociedades Bíblicas Unidas. Utilizado con permiso. Reina-Valera 1960® es una
marca registrada de la American Bible Society, y puede ser usada solamente bajo
licencia.
El texto bíblico indicado con «NTV» ha sido tomado de la *Santa Biblia*, Nueva
Traducción Viviente,
© Tyndale House Foundation 2008, 2009, 2010. Usado con permiso de Tyndale House
Publishers, Inc., 351 Executive Dr., Carol Stream, IL 60188, Estados Unidos de
América. Todos los derechos reservados.
Las citas bíblicas señaladas con LBLA se tomaron de la Santa Biblia, *La Biblia de Las
Américas*. © 1986 por The Lockman Foundation.
Las citas bíblicas señaladas con NVI se tomaron de la Santa Biblia, *Nueva Versión
Internacional*. © 1999 por la Sociedad Bíblica Internacional.
Usadas con permiso.

La editorial ha hecho todo lo posible por encontrar el origen de todas las citas. En el
caso de que surja una duda relacionada con el uso de una cita, nos disculpamos por
cualquier error cometido y estaremos encantados de hacer la corrección necesaria en
futuras ediciones de este libro.

Producto 495753 • ISBN 0-7899-1831-5 • ISBN 978-0-7899-1831-4

Impreso en Colombia
Printed in Colombia

Categoría: Vida cristiana /Vida práctica /Mujeres
Category: Christian Living /Practical Life /Women

A mi Salvador, Jesús.
Mi testimonio de fe se debe a ti.
Gracias por amarme y por obrar en
mi vida. Sin ti, estaría perdida.

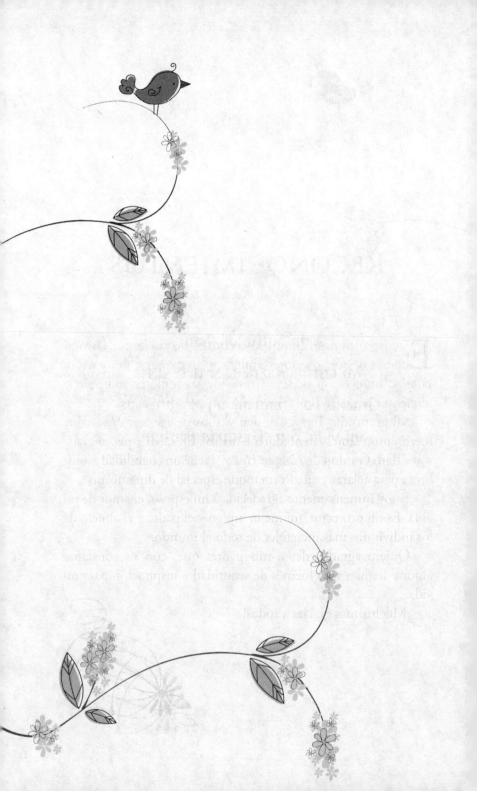

Reconocimientos

E ste libro nunca se hubiera escrito si no fuera por las oraciones de mis preciosas amigas y compañeras de oración. Dios se mueve con poder a través de las mujeres amorosas y fervientes... ¡gracias!

Mi gratitud a Terry, Carolyn y a los de *Harvest House* que fueron mis tutores, alentadores e instructores. Mi especial gratitud a Barb Gordon de *Harvest House*. Tiene una habilidad asombrosa para aclarar y añadir un toque especial de dinamismo.

Estoy inmensamente agradecida a mi esposo, el amor de mi vida. Es mi protector, mi mejor amigo y el padre y el abuelo de los individuos más increíbles de todo el mundo.

Quiero agradecerles a mis padres que, con su constante amor y fe, han sido fuentes de seguridad e inspiración para mi vida.

¡Muchísimas gracias a todos!

CONTENIDO

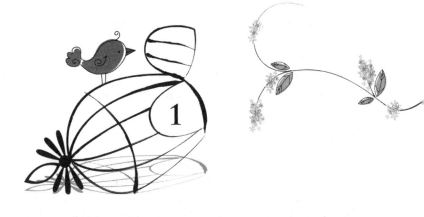

EL COMIENZO DEL TEMOR

En silencio, me abrí paso entre la bulliciosa multitud de mujeres hasta llegar al último banco de la iglesia que hacía poco había contratado a mi esposo como pastor. Me senté lo más lejos que pude de todos, con la esperanza de que nadie me viera. Me sentía demasiado inadecuada como para sociabilizar. No conocía a las mujeres que me rodeaban y estaba asustada. Sencillamente deseaba escuchar el estudio bíblico para mujeres.

Una elegante mujer se encontraba detrás del púlpito. Hizo algunos anuncios, mientras yo me sentía incómoda en mi asiento. El tercer anuncio me hizo llorar. Dijo que a todas las mujeres que asistían al estudio bíblico las debían asignar a un grupo.

Se acabó, pensé. La idea de tener que estar en un grupo de mujeres me aterrorizaba. Tendríamos que conversar sobre cosas triviales y sobre cosas profundas. Tendría que abrir mi corazón y eso podía resultar en rechazo y dolor. Enseguida me levanté del asiento con la mirada nublada por las lágrimas y me dirigí a la oficina de mi esposo.

Estaba preocupado por mi trauma evidente. Casi no podía hablar, pero traté de explicar por qué estaba tan molesta. «¡Quieren que me siente en un grupo con mujeres y que hable! No puedo hacerlo». Brian intentó con todas sus fuerzas ser comprensivo, pero no podía entender cómo algo tan insignificante podía devastarme. Yo tampoco podía entenderlo por completo.

¿Cuándo el temor tomó las riendas?

Años atrás, era una joven atada por numerosos temores. Mis miedos casi me paralizaban, y cuanto más les daba lugar, más poder tenían en todos los ámbitos de mi vida. ¿Cómo llegué a ese punto? A decir verdad, fui recogiendo temores a lo largo del camino hasta tener la canasta llena. Un día, me di cuenta de que le tenía temor a casi todo lo que hace a una vida plena. No todos mis miedos eran justificados ni sustanciales. En realidad, pienso que su amplia influencia vino a través de la *cantidad* y no de la calidad.

Por ejemplo, le temía a la oscuridad. Ese es un temor común en la niñez, pero nunca se lo conté a nadie porque a todos, incluso a mí, les parecía una tontería. Una noche, cuando era niña, el televisor portátil quedó en mi habitación. Se suponía que debía estar durmiendo, pero no podía, así que en silencio encendí el televisor y recordé poner el volumen bajo. Estaban pasando la historia de una muñeca que le robaba la vida a una pequeña todas las noches mientras dormía. La pequeña se despertaba anémica, pálida y con marcas de rasguños en el cuello. La muñeca sentada en el tocador, que parecía pasar inadvertida para todos excepto para el camarógrafo, tenía unos brillantes labios rojos y unas uñas de color rojo sangre. Apagué el televisor y miré las muñecas que estaban sobre mi tocador. Al día siguiente, hice pedazos una hermosa muñeca que tenía. ¿Cuál era su delito? ¡Tenía labios color rubí y uñas rojas! A partir de entonces, detestaba estar sola en la oscuridad.

Otros miedos provinieron del patio de juegos en la escuela. Recuerdo haber observado a algunas niñas que rodeaban a otra en el patio de recreo y la acosaban sin misericordia porque tenía puestos calcetines cortos, en lugar de usar los modernos calcetines hasta la rodilla que tenían ellas. No quería experimentar la vergüenza que soportó esa niña, y ese día entró en mí el temor a la humillación pública que podría sufrir si no encajaba en el medio. Años después, ya de adulta, todavía seguía temiendo hacer algo que estuviera fuera de lugar.

Otros temores se formaron al escuchar las noticias diarias. En cualquier momento, algo terrible sucede en el mundo. Al saber que a cada instante había cosas horribles que les sucedían a las personas que no lo esperaban, por lógica supuse que yo podía ser la próxima. La crueldad de algunos hombres mostrada en la televisión y puesta en práctica en el instituto y la universidad a las que asistí hizo que surgieran más temores.

Sin duda, muchos de mis temores fueron la consecuencia de la exposición que tenía como hija de un pastor de fama nacional y de su maravillosa esposa. Cualquiera que deseara encontrar algo para usar en su contra, la mayoría de las veces nos examinaban a mí y a mis hermanos para usarnos como municiones. Sentía que a cada momento tenía ojos críticos sobre mí, y este temor al escrutinio no era infundado. Siempre había personas bien intencionadas que me preguntaban si alguna historia que escucharon acerca de mí era cierta. Casi siempre, la historia tenía detalles agregados o era inventada por completo. Estas historias negativas que oía me hacían desear ser invisible. Deseaba con toda mi alma ser como todos los demás.

En algunas pocas ocasiones, se me acercaron muchachas que se sintieron obligadas a confesarme que cuando me conocieron, no les caí bien. Me explicaban que la razón tenía que ver con que era la hija del pastor Chuck Smith y de su esposa Kay. Los celos hacían que no les cayera bien. ¿Quién puede resistir esta clase de escrutinio?

Como les sucede a todas las niñas y a las jóvenes, yo también había pasado períodos de rechazo por parte de los pares. Amigas que me querían un día, al otro encontraban una amiga mejor. Recuerdo que detestaba irme de vacaciones cuando era niña, porque mientras estaba fuera, a menudo mis amigas encontraban nuevas amigas. Es posible que hayas escuchado la frase de que «Dos son compañía, tres son multitud». Es evidente que la acuñó alguien que conoció el rechazo.

Hacia el final de la adolescencia, dos hombres decidieron que se casarían con la hija de Chuck Smith... ¡y no me consultaron! Estos hombres me acosaban. Uno de ellos llegó hasta el punto de aparecerse en la universidad, mientras yo estaba en clase, para tratar de forzarme a que me fuera con él. Al comienzo de esa semana, hasta pasó la noche en el porche de la casa de mis padres. ¡Huy!

Aunque algunos de mis temores tenían mérito y otros se basaban en alguna verdad, el problema principal no era la cantidad, la validez, ni el origen del temor. El problema era que los temores me controlaban. Como tenía miedo, cambiaba los lugares a los que iba, las personas con las que estaba y lo que hacía.

Mis miedos y mis relaciones

Ya desde joven comencé a darme cuenta de que el temor había comenzado a infectar mis relaciones.

Recuerdo que sentí terror cuando me di cuenta de que me estaba enamorando de Brian. Allí estaba uno de los hombres más nobles que había conocido jamás. Era dinámico. Era divertido estar a su lado. Era profundo y reflexivo. Era sensible y amable. Me di cuenta de que me interesaba y, al mismo tiempo, me di cuenta de que tenía el poder para herirme de verdad si se cansaba de mí o me rechazaba. Quería aislarme del sufrimiento, porque le temía al dolor emocional. Varias veces terminé con nuestra relación, no porque hubiera hecho algo mal, sino porque le temía al rechazo. En realidad, se la hice bien difícil a ese pobre muchacho. Él perseveró y pareció entender que era el temor lo que motivaba mi caótico comportamiento.

Un día, cuando éramos novios, Brian me llamó para contarme que tenía una sorpresa: Se había puesto lentes. A lo largo de nuestro noviazgo, nunca había usado lentes aunque los necesitaba. Lo primero que pensé fue: *Ay, no. Tal vez nunca me viera bien. Cuando vea mi verdadera apariencia o lo gorda que soy, no querrá casarse conmigo.* Esa noche, me puse la ropa que más me favorecía y hasta usé un poco más de maquillaje. Mientras tanto, él luchaba con su propia inseguridad. Su preocupación era que a mí no me gustara con lentes. Para mí, eso ni siquiera era un problema. Cuando años más tarde hablamos con franqueza sobre nuestros temores, ambos nos reímos.

Es lamentable, pero los miedos a las relaciones no se disiparon cuando en nuestra boda dije: «Sí, acepto». Por el contrario, siguieron multiplicándose.

Poco a poco me paralizó el temor. Ya no deseaba ninguna interacción social. Levanté paredes protectoras alrededor de mi corazón y de mí misma. Como Brian y yo asistíamos a la iglesia donde mi padre era pastor, me escondía en su oficina después de las reuniones y esperaba hasta que desapareciera la multitud antes de salir al auto. Hasta dejé de contestar el teléfono cuando estaba en casa, a menos que Brian o alguien de la familia hicieran sonar el «timbre especial». Dejé de acercarme a la gente. Si me encontraba con algún conocido cuando iba de compras, fingía alguna excusa para partir enseguida. Al poco tiempo, pasaba la mayor parte de la vida en nuestro pequeño apartamento, esperando a que Brian regresara a casa.

También había otras manifestaciones. Estallaba en ira cuando Brian trataba de sacarme afuera. Él no entendía el poder que tenía sobre mí el temor. Cuando no se daba por vencido, me sentía aterrorizada. Como producto de mi pánico, armaba un escándalo, desesperada por lograr alguna protección de todo lo que me producía temor.

Brian y yo peleábamos por el dinero. Tenía temor de que lo gastara todo. (Nunca lo hizo). Peleábamos por su manera de conducir. Tenía temor de que hiciera una mala maniobra o que chocara. (Nunca lo hizo). Peleábamos por los lugares a los que iríamos. Tenía temor de que me obligara a relacionarme con la gente. A este punto me llevaba la corriente de mi océano de temores.

Pensé que era la única que luchaba con los temores, pero al conversar sin rodeos acerca de ellos, me he dado cuenta de que no lo soy. El temor es algo contra lo que luchan muchas mujeres. Tal vez puedas relacionarte con algunos de los temores que me atribulaban.

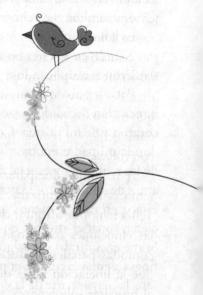

> Le temía al rechazo.
> Le temía a la gente.
> Le temía al enfrentamiento.
> Le temía a conducir.
> Le temía al diablo.
> Le temía al mundo.
> Le temía al futuro.
> Le temía al fracaso.
> Le temía a la enfermedad.
> Le temía a las pruebas.
> Le temía a la muerte.
> Le temía a los aviones.
> Le temía a los autos.
> Tenía temor.

La intervención de Dios

Una noche, sentada en una reunión de la iglesia mientras Brian, mi esposo, predicaba, oí que el Señor me hablaba con suavidad: «Yo te libraré de tus temores».

Casi grito: ¡*No!* La idea de que me libraran de mis temores me asustaba. ¿Qué implicaría el proceso? Para ser sincera, todavía no estaba lista para confiar en que Dios me liberara *con delicadeza*. A esa altura, estaba acostumbrada a tener temor, y como mis miedos me resultaban conocidos, confiaba en ellos más que en Dios.

Repito, Dios me habló: «Yo te libraré de tus temores». Comencé a argumentar en mi corazón y en mi mente ante este proyecto. Mis miedos gritaban en contra de esta promesa de Dios. Había comenzado a considerar que mis miedos me protegían, que eran mi seguridad. Después de todo, éramos grandes amigos. Viajábamos juntos a todas partes. Mientras que otros podían abandonarme, mis temores seguían allí y me consolaban con la infame frase: «Te dije que no confiaras en nadie». «Librar» era una palabra muy aterradora. Después de todo, la «liberación» implica acción. ¿Qué acción o acciones pretendía tomar Dios?

Sabía que mis temores me estaban ahogando. Sabía que estaban creando tensión en mi matrimonio. Sabía que me impedían llevar la vida de aventura que había planeado Dios. Sabía que me estaba perdiendo la profundidad de la experiencia cristiana debido al temor. Sin embargo, me aferraba a mis miedos con fuerza.

Por irónico que parezca, la idea de que me libraran de mis temores me aterrorizaba. No quería enfrentarlos ni superarlos. Tenía temor de afrontar cada miedo y, luego, tener que recorrer las emociones relacionadas. Me había llevado años construir cómodas paredes de aislamiento alrededor de mi vida. Creía que la liberación haría que cada miedo que tenía me atacara al procurar sobrevivir, y me parecía que no podría soportar la experiencia.

Le dije al Señor que no quería que me librara de mis temores. En vano le expliqué que la palabra «liberación» era demasiado fuerte para referirse a mis temores y a mí. Sentí que el Señor respondía a esta débil excusa: «Entonces, ¿cómo puedes caminar conmigo? Yo voy a lugares donde tus miedos nunca te permitirán ir. Y quiero que vengas conmigo».

Era verdad que mis miedos detestaban viajar. No les gustaban las alturas ni las aventuras. A mis miedos les encantaban los programas, los mapas y los itinerarios armados con esmero y que se podían corregir a voluntad.

Ahora, me enfrentaba a la mayor lucha de mi experiencia cristiana. Para mí, Dios me pedía demasiado. Al ocupar mi corazón, había encontrado este armario de temores e insistía en limpiarlo para que yo pudiera estar libre para viajar con Él.

Al final, el temor a perder la intimidad con Dios sobrepasó a mi temor al temor. De manera lenta y a regañadientes, capitulé. Estaba asustada, pero dispuesta. Reconocí y confesé mis temores delante de Dios. Se los rendí a Él. Luego, esperé y nada sucedió. No hubo una gran revelación. No vino una oleada de repentino valor a tomar posesión de mi corazón y de mi mente. No hubo grandes temores heridos. No resonó ninguna voz del cielo. En realidad, había una quietud poco común... demasiada quietud.

El sueño de la mofeta

Una semana después, tuve un extraño sueño. Me encontraba en un autobús sentada junto a Brian. Ocupábamos los asientos delanteros del autobús, frente a donde estaban sentados mis padres. El resto del autobús estaba lleno de todas las personas que había conocido en mi vida.

El autobús se detuvo en un estacionamiento y todos descendieron y se dirigieron a un gran edificio que parecía un centro comercial. Al bajar del autobús para seguir a todos los demás, vi que había una mofeta bebé en mi camino. Me sentí aterrorizada al pensar que pudiera rociarme con su mal olor, así que me escondí detrás de un auto en el estacionamiento. De repente, vi otra mofeta detrás de mí. Corrí a esconderme detrás de otro auto. Mientras tanto, todos los demás se dirigían alegremente hacia el resplandeciente centro comercial. Conversaban, cantaban. Seguían adelante sin tomar conciencia de mi dificultad e inmutables ante las mofetas que irrumpieron en el estacionamiento. Observé a la distancia cómo la gente entraba al gran edificio. Pronto, me había quedado sola por completo esquivando a una mofeta tras otra. Esos cachorros de mofeta (skunk) parecían no tener fin.

Luego de lo que pareció mucho tiempo, todos salieron del edificio. Podía oír que conversaban felices. Habían pasado un tiempo maravilloso juntos. Caminaban alegres por el estacionamiento cargados con hermosos paquetes y conversando sobre cuánto se divirtieron. Regresaban al autobús. A esa altura, lo único que pensaba era en cómo regresar a salvo al autobús. Pronto me di cuenta de que hasta Brian había subido, lo que quería decir que el autobús estaba listo para partir.

Por último, pude llegar a la puerta del autobús ilesa, pero allí me esperaba la gran mamá mofeta. Debía tener unos dos metros de alto. Le clavé los ojos temiendo lo peor. En mi sueño, se dio vuelta, levantó la cola y me roció con una gran lluvia fétida que me saturó. Me quedé fuera del autobús, incapaz de imponerles a los que estaban dentro mi apestosa humanidad. Desde el interior del autobús, Brian me instó a que subiera.

«No», le supliqué. «Me acaba de rociar una mofeta gigante. Si subo, llenaré todo con mi olor. La gente me detestará y me obligará a bajar».

«Cheryl», me dijo con un tono que indicaba lo irracional de mi conducta, «sube al autobús de una vez».

Accedí con la cabeza baja y me senté a su lado. «No tienes mal olor», me dijo.

Enseguida, le hice callar, pues no deseaba que lo escuchara el resto del autobús. Después de todo, el autobús no estaba lleno, porque pronto subieron otras personas, incluidos mis padres. Ante cada persona que subía la escalerilla, me disculpaba profusamente por el olor acre y así confesaba que yo era la del mal olor. Ante esta declaración, todos respondían: «No tienes ningún olor desagradable».

Entonces, desperté. El sueño estaba vívido en mi mente y no me gustaba. Lo que me molestaba no era su semejanza con una pesadilla, sino el tinte de realidad que tenía. En mi espíritu, sentía que Dios quería darme un mensaje que yo no quería oír.

Más tarde ese día, sucedió algo extraño. Asistí a mi reunión matutina de oración. Al cabo de un prolongado período de oración, una mujer me miró de manera inquisitiva y me preguntó:

—¿Anoche tuviste un sueño extraño?

—Así es —contesté con total naturalidad.

De repente, tuve la seguridad de que Dios estaba en mi sueño y me enojé. No estaba lista para lidiar con mis temores. Me sentí bajo un reflector. (Es probable que hubiera continuado posponiendo este asunto de forma indefinida si hubiera podido elegir).

—Ese sueño tiene una interpretación —me dijo la mujer ofreciéndome una respuesta.

No necesitaba su ofrecimiento. En mi corazón, ya sabía de qué se trataba. El Señor me había estado ministrando todo el tiempo; yo me había escondido de la interpretación, negándome a reconocer el significado del sueño hasta que la mujer me obligó a sacarlo a la luz.

—Ya lo sé —respondí con sequedad—. El sueño era de mofetas.

Eso lo expliqué con la esperanza de que detuviera sus preguntas. Pero entonces, me encontré contando el sueño y dándole una interpretación. Expliqué que tenía luchas con terribles temores. Pasaba mi vida escondiéndome en el estacionamiento sin entrar jamás a la verdadera experiencia cristiana. Debía entender que aquello que tanto temía, aunque se hiciera realidad, no rompería mi relación con Brian ni con los que amaba.

¡Qué extraño comienzo para una gran liberación! Después de ese momento, de manera lenta pero segura, Dios me mostró los lugares de temor en mi vida y cómo me tenían presa. Nunca me dejó sola durante todo el proceso de liberación. Aquel que prometió ser mi Consolador estaba allí consolándome mientras comenzaba a desenredar los nudos que el temor había usado para sujetarme con firmeza. En un momento de mi vida, pensé que jamás volvería a contar el sueño de la mofeta. Aunque ahora parece cómico, en ese entonces el sueño fue aterrador. Recuerdo que me sentí humillada al saber que los miedos eran los que gobernaban mi vida. No tenía idea de cómo lograría escapar de ellos.

Desde entonces, he contado ese sueño unas cuantas veces y suele llevar a las audiencias a las risas y a las lágrimas. ¿Por qué? Porque muchas mujeres viven en el mismo terreno del temor. Al igual que yo, conocen muy bien sus temores. Se sienten cómodas con ellos, aunque esos mismos temores les impidan vivir la aventura cristiana completa.

Muchas mujeres no son conscientes de que el temor es el culpable detrás de muchas de las cosas anormales que hacen o dicen. Cuando me oyen contar mi sueño loco, de repente toman conciencia de que el temor podría ser la motivación detrás de algunas de sus acciones.

Llevadas por el temor

En la Biblia hay un gran ejemplo de las peligrosas consecuencias por dejarnos controlar por el miedo. ¿Quién tenía tanto miedo? El rey Saúl. Cuando pienso en este primer rey de Israel, veo a un hombre cuyos temores lo hicieron actuar en desobediencia a Dios y a desquitarse con David. No digo que la culpa de las acciones de Saúl la tengan solo los miedos, pero el temor tenía un cómplice en Saúl. Tuvo la posibilidad de actuar en respuesta al temor o de negarse a ceder ante él.

Saúl fue un hombre con un comienzo glorioso. Dios no solo lo designó para que fuera el primer rey de Israel, sino que lo ungió el profeta de Dios, Samuel. Dios bendijo el primer ataque militar de Saúl con un éxito rotundo. Pronto, se ganó el respeto y la admiración de todo Israel.

Sin embargo, pienso que enseguida comenzó a sentirse responsable por la nación de Dios. El Señor lo había escogido para que fuera su siervo y se desempeñara como rey, pero Saúl comenzó a verse como rey en primer lugar. Empezó a cuestionar las directivas de Dios y a confiar en sus propios juicios en lugar de seguir las instrucciones de Dios.

Su hijo, Jonatán, dirigió un ataque contra las tropas de los filisteos en Gabaa, mientras Saúl se encontraba cerca. Entonces, «hizo Saúl tocar trompeta por todo el país, diciendo: Oigan los hebreos», y los israelitas creyeron que había ganado la batalla. Cuando los filisteos preparaban una segunda batalla contra Israel, se le dijo a Saúl que esperara hasta que llegara Samuel y le ofreciera sacrificios a Dios antes de salir a la guerra. Sin embargo, Saúl se preocupó y ofreció sacrificios por su cuenta violando directamente la orden de Dios. Se excusó por su mala conducta diciéndole al profeta: «Porque vi que el pueblo se me desertaba, y que tú no venías dentro del plazo señalado, y que los filisteos estaban reunidos [...] Me esforcé, pues, y ofrecí holocausto» (1 Samuel 13:11-12). Saúl actuó de manera apresurada en contra de las instrucciones de Dios porque se asustó. El tiempo se agotaba y el pueblo desertaba al ver que se reunían las fuerzas de los filisteos. En lugar de esperar en Dios, tomó el asunto en sus manos (por lo general, el temor alienta esta conducta). Mientras estaba sentado bajo un granado a las afueras de Gabaa, su hijo Jonatán se escabulló fuera del campamento con su paje para atacar a los filisteos. Mientras atacaban, la guarnición y los invasores temblaron y se produjo un terremoto. Los guardias del campamento de Saúl vieron la multitud de filisteos que desaparecía y se lo informaron. Este ordenó que se pasara lista para ver quién faltaba y descubrieron que eran Jonatán y su paje. Cuando el ruido de la batalla aumentó, Saúl y su ejército y todos los guerreros israelitas en las áreas circundantes se unieron y vencieron a los filisteos.

En algún momento, Saúl hizo una declaración impulsiva diciendo que ningún guerrero podía comer hasta que él se hubiera vengado. Tal vez fuera para inspirar a las tropas a que pelearan más duro. Aun así, Jonatán no había oído la orden de su padre y, mientras caminaba por el bosque, se encontró con un poco de miel y, como estaba hambriento, comió. Cuando le dijeron cuál fue la orden de Saúl, Jonatán respondió: «Mi padre ha turbado el país. Ved ahora cómo han sido aclarados mis ojos, por haber gustado un poco de esta miel. ¿Cuánto más si el pueblo hubiera comido libremente hoy del botín tomado de sus enemigos? ¿No se habría hecho ahora mayor estrago entre los filisteos?» (1 Samuel 14:29-30).

Cuando Saúl se enteró de que Jonatán comió miel, estuvo listo para cumplir su amenaza y darle muerte a Jonatán (1 Samuel 14:39). Estaba listo para matar a su hijo, el héroe de Israel, a fin de proteger su imagen dentro del ejército de Israel.

Más adelante, cuando un gigante filisteo desafió a los ejércitos de Israel, Saúl se negó a enfrentarlo. Cuando oyó de un pastorcito que estaba dispuesto a pelear con el gigante, mandó a buscarlo. Una vez que trató de convencerlo para que no lo hiciera, el poderoso rey Saúl le permitió al muchacho, David, salir y enfrentar al tremendo enemigo.

Cuando David mató a Goliat, todo Israel lo elogió. Con el tiempo, Saúl lo nombró líder del ejército y David se convirtió en un poderoso guerrero a quien exaltaron como héroe. No obstante, mientras David crecía en fe y seguía a Dios, Saúl sintió tantos celos de él y le tuvo tanto miedo que dos veces intentó asesinarlo con su espada. Les dijo a sus sirvientes que mataran a David e hizo un complot para que lo asesinaran en su cama mientras dormía. Sin embargo, la esposa de David e hija de Saúl, Mical, se enteró del plan asesino y ayudó a David a escapar.

Saúl se obsesionó con destruir a David. No solo lo degradó, sino que lo persiguió por la tierra de Israel. Saúl tenía todas las ventajas, pero el temor se convirtió en su ruina. Aunque anduvo tras los pasos de David y lo obligó a vivir en el exilio, este se negó a ceder a sus miedos. Más bien, los rindió a Dios y decidió vivir por fe. Cuando tenía temor, oraba y buscaba al Señor. Muchas de sus sinceras oraciones quedaron plasmadas en el libro de los Salmos, incluyendo: «Jehová es mi luz y mi salvación; ¿de quién temeré? Jehová es la fortaleza de mi vida; ¿de quién he de atemorizarme?» (Salmo 27:1).

La elección

Esa noche, mientras me encontraba sentada en la iglesia, me ofrecieron que eligiera entre el temor y la fe. Dios me invitaba a unirme a Él en una vida de aventura o, en cambio, podía continuar aterrorizada, motivada e inmovilizada por el temor. Si escogía el temor, mi futuro era tan poco prometedor como el del rey Saúl. Si escogía la fe, mi vida era tan prometedora como la de David.

Dios le ofrece esta elección a *toda* persona que invoca su nombre. Él no obliga a nadie a escoger su camino. Pide permiso para quitar esos temores paralizantes de modo que la fe pueda ocupar el lugar del temor. Dios te ofrece esta elección ahora mismo. ¿El miedo te ha puesto obstáculos como a mí? ¿Estás cansada de su yugo emocional y espiritual? Mi oración es para que al avanzar en la lectura de este libro, Dios te ayude a reconocer tus temores de modo que puedas optar por liberarte de ellos y te dirijas a esta vida de fe más plena y apasionante que Él desea para ti.

Al repasar las vidas de David y Saúl, prefiero la obra de fe en la vida de David que la motivación del temor en la de Saúl. Me siento inspirada por la fe y la confianza en Dios que veo en David. De la misma manera, detesto los efectos que tiene el temor cuando le permito que atrape mi corazón, y me encanta ver los efectos de la fe cuando le permito que tome más posesión de mi corazón y mi mente.

¿Qué dice la Palabra de Dios?

1. Lee 1 Samuel 18. ¿Dónde te parece que comienzan los temores de Saúl?

2. ¿Cómo ves que esos temores ganaron mayor control en su vida?

3. ¿Qué temores reconoces en tu vida?

4. ¿Dónde te parece que comenzaron esos temores?

CUANDO UNA MUJER SE LIBERA DEL TEMOR

5. ¿Adónde te parece que te conducen?

6. Considera de nuevo 1 Samuel 18. ¿Qué característica de David se destaca?

7. Al comparar la conducta de David con la del rey Saúl, ¿qué diferencias ves?

8. ¿Cómo puedes alejarte del temor hoy y caminar hacia la fe?

TEMOR: ¿AMIGO O ENEMIGO?

No todos los temores son una amenaza. Algunos son muy saludables. Por ejemplo, el temor a tener consecuencias desagradables puede impedirnos hacer cosas tontas o precipitadas. El temor saludable casi siempre actúa como nuestro protector.

El temor saludable

Hacía pocos años que me había casado con Brian cuando me sentí inspirada a darle una fiesta sorpresa de cumpleaños. Con este propósito, recluté a algunos cuantos para que me ayudaran en mi plan. Hice los arreglos para usar uno de los salones de nuestra iglesia el día de Año Nuevo. Mis planes incluían mantener a Brian ocupado mediante un acuerdo con nuestro vecino, que lo mandaría a la iglesia a la hora acordada.

Llegué temprano a la iglesia con todos los elementos en la mano para decorar. La iglesia estaba vacía, así que abrí la puerta del salón social y la dejé abierta de par en par para que entrara el resto de los que debían venir y me puse a trabajar. De repente, sentí que una punzada de temor me corría por la espalda. Me di vuelta y vi a un hombre al que no hacía mucho lo habían echado de la propiedad por comportamiento violento. Cruzó la puerta y se me acercó. Se tambaleaba ligeramente y me echó una mirada de soslayo.

—Hola, Cheryl —dijo con un tono de voz amenazador.

En ese momento, me di cuenta de lo tonta que fui al no asegurarme de que alguien me acompañara en esta parte de los preparativos para la fiesta sorpresa. En silencio, oré a Dios y le pedí sabiduría.

—Sam, sabes que no puedes estar en este lugar.

—Lo sé.

Su respuesta salió más como un gruñido que como palabras. Se me acercó más.

—Tendré que llamar a Brian y a los muchachos que están en la cocina para que se ocupen de ti. No quieres que lo haga, ¿verdad?

Sus ojos siguieron el gesto que hice hacia la puerta cerrada de la cocina. Aunque la cocina estaba vacía, es probable que Sam no lo supiera ya que, desde su punto de observación, no podía ver el interior. Volvió a mirarme y se acercó otro paso más, para aceptar mi reto.

—Muy bien, Sam. Lo lamento, pero tendré que llamar a los muchachos. ¡Brian! ¡Brian! ¿Puedes venir un minuto? —grité mirando hacia la cocina.

Sam se dio vuelta y corrió hacia la puerta. Salté detrás de él y cerré la puerta con llave.

Más tarde ese mismo día, a Sam lo arrestaron por apuñalar a un hombre en la acera de enfrente.

En ese momento, el temor fue mi aliado. Me advirtió que no le dijera a Sam que estaba sola. Me llevó a orar. Me dijo que cerrara con llave la puerta cuando él salió y que la mantuviera así hasta que llegara ayuda.

El temor en su justa medida nos hace tomar la precaución de cerrar con llave las puertas por la noche y revisar las ventanas para asegurarnos de que los intrusos no tendrán fácil acceso. El temor al fuego nos permite usarlo de manera productiva sin lastimar nuestro cuerpo o nuestras posesiones. En parte, el temor fue el responsable de mantenerme alejada de las drogas. Nunca probé ningún narcótico ilegal por temor a volverme adicta o a perder la cabeza.

Cuando el temor se circunscribe al terreno de la protección, opera como un socorrista y un benefactor, como un recurso importante para nuestra vida. Sin embargo, cuando el temor excede este parámetro y controla nuestras acciones y emociones, se convierte en terrorista. Como lo expresara el apóstol Juan: «El temor lleva en sí castigo» (1 Juan 4:18). El temor tiene una cualidad aterrorizadora cuando se convierte en dictador.

El temor perjudicial

El temor al que nos dedicaremos es ese que ha dejado de ser útil. Este temor ha pasado de ser un pequeño germen en un plato de bacteriología para convertirse en una bacteria tóxica en nuestro organismo.

El apóstol Pablo escribió: «¿No se dan cuenta de que uno se convierte en esclavo de todo lo que decide obedecer?» (Romanos 6:16, NTV). Si escuchamos al temor y le permitimos que dirija nuestras acciones, actividades y actitudes, se convertirá en nuestro amo y gobernante. En este sentido, limita nuestra vida. Decide dónde iremos, qué haremos, lo que diremos e incluso lo que vestiremos.

Además, el control que tiene el temor está relacionado con lo racional o lo realista que sea. El temor no tiene que basarse en hechos para ser poderoso. Por ejemplo, ¿vestirse de azul marino para una boda parece motivo de temor? Es posible.

Brian y yo vivimos unos diez años en Vista, una comunidad rural en el límite norte del condado de San Diego. No era poco frecuente tener que detener el auto para que una gallina cruzara el camino. (No me preguntes por qué lo hacía. Estoy segura de que existen miles de razones). Las granjas salpicaban el paisaje. Nos habíamos adaptado a las costumbres tranquilas de la comunidad y habíamos olvidado gran parte de la sofisticación del condado de Orange, California.

Nos invitaron a una boda muy elegante allí, en el condado de Orange. Como conocíamos muy bien al novio, nos alegró que nos incluyeran. Me puse mi mejor vestido, que resultó ser azul marino. Brian se puso el traje de su boda.

Estábamos a pocos kilómetros de la capilla, cuando me di cuenta de mi error. «¡Ay!», grité.

Brian, sorprendido, me miró.

«Tengo puesto un vestido azul marino», gemí. «¡Es el condado de Orange! Debería haberme puesto algo beis».

Brian no podía entender el motivo de mi desesperación.

Cuando llegamos a la boda, me parecía que todos estaban vestidos de beis. El vestido de la novia tenía un tinte de beis. Todos los vestidos de las damas de honor tenían un matiz de beis. Las madres del novio y de la novia tenían trajes con tonalidades de beis. Todos los invitados distinguidos llevaban alguna clase de beis.

Me sentía tan mal con mi vestido azul marino que no disfruté de la boda ni de la recepción. Aunque me encontré con viejos y queridos amigos, mi atención estaba tan concentrada en mi vestido pasado de moda que desperdicié cada conversación disculpándome por el color de mi ropa.

Este temor de sobresalir, de estar fuera de moda o de ser ridícula coloreó todo el tiempo que pasé en esa boda. Al volver la vista atrás, y con una actitud mucho más saludable, me asombra pensar cómo un temor tan pequeño saboteó una ocasión tan feliz.

Sé que no soy la única que ha experimentado este temor. Por cierto, veamos cómo el temor opacó la gloriosa victoria del profeta Elías.

Un profeta temeroso

Elías había regresado a la tierra de Israel para desafiar a los profetas de Baal y para llamar a la nación a regresar a Dios. Elías le dijo al rey que convocara a los profetas de Baal en el monte Carmelo. Le dijo que trajeran dos bueyes, leña para el fuego y los implementos necesarios para construir un altar.

Delante de todo Israel, se reunieron Elías y cuatrocientos cincuenta profetas de Baal. Elías se dirigió a la multitud. «¿Hasta cuándo claudicaréis vosotros entre dos pensamientos? Si Jehová es Dios, seguidle; y si Baal, id en pos de él» (1 Reyes 18:21). La multitud guarda silencio delante de Elías, esperando para decidir según el resultado de ese día.

Entonces, Elías ordenó que se construyeran dos altares y que escogieran los bueyes. Les dio todas las ventajas posibles a los profetas de Baal. Tuvieron el mejor momento del día, el buey elegido y la primera oportunidad. Los sacrificios debían ponerse sobre el altar sin fuego. Elías dijo: «El Dios que respondiere por medio de fuego, ése sea Dios».

Todos estuvieron de acuerdo con las condiciones y comenzó la competencia.

Desde la mañana hasta bien entrada la tarde, los profetas de Baal oraron e invocaron todo lo imaginable para provocar a Baal a fin de que encendiera el sacrificio. Nada sucedió.

Al final, después de un largo día, le llegó la oportunidad a Elías. Construyó un altar con doce piedras (por las doce tribus de Israel) y luego cavó una zanja alrededor del altar. Colocó la leña y el buey sobre el altar. Luego, roció el sacrificio con doce baldes de agua, hasta que el buey y la leña quedaron empapados y se llenó la zanja de alrededor.

Entonces, Elías se acercó al altar y oró a Dios. En cuanto terminó de orar, cayó fuego del cielo y consumió el sacrificio, la leña, las piedras y toda el agua de la zanja.

La gente estaba asombrada y comenzó a proclamar: «¡Jehová es el Dios, Jehová es el Dios!». El pueblo reconoció que el

Dios de Israel era mayor y mucho más poderoso que Baal. Ese día, mataron a los profetas de Baal.

A continuación, Elías predijo que pronto caería la lluvia que tanto necesitaba la tierra de Israel. A las pocas horas, caía a cántaros la lluvia sobre la tierra seca.

Después de esta increíble victoria y de este encuentro con el tremendo poder de Dios, Elías recibió un mensaje amenazador de la reina de Israel, Jezabel. «Así me hagan los dioses, y aun me añadan, si mañana a estas horas yo no he puesto tu persona como la de uno de [los profetas de Baal]». Al oír estas palabras, Elías huyó por su vida. Corrió todo un día internándose en el desierto y, luego, otros cuarenta días hasta que encontró una cueva para esconderse.

Sin duda, pensarías que este profeta que acababa de ver la fortaleza y la realidad de Dios demostrada contra los profetas de Baal, no se conmovería ante la amenaza de la reina que había empleado a esos profetas. Sin embargo, no fue así. Elías, el gran profeta, se sintió tan atemorizado como para huir lo más lejos que pudo.

Hasta Elías, un profeta de Dios, se vio afectado por el temor. A pesar de eso, Dios no lo dejó librado a su temor. Se encontró con Elías en la cueva y le dio una lección crucial. Elías se enfrentó a un viento arrasador, a un terremoto peligroso, a un fuego resplandeciente y a un «silbo apacible y delicado». Dios no se encontraba en los movimientos catastróficos, estaba en el «silbo apacible y delicado». Dios probó a través de estas tremendas fuerzas que Él era y es mayor que cualquier peligro o amenaza.

El temor amenazaba con estropear el gozo de una gran victoria en Israel para el profeta Elías. ¿El temor te ha arruinado algún gran momento? Tal vez la Navidad fue estresante porque no estabas segura de qué regalos debías dar y cuáles no, y entonces, te perdiste la fiesta.

Tal vez se arruinaran unas vacaciones porque no podías dejar de pensar en el gasto y te pasaste todo el tiempo preocupada por la deuda que habías contraído. A lo mejor fuera una reunión de la iglesia o un tiempo especial con amigos que se vio ensombrecido por un temor que se asomó y que te distrajo de la diversión a tu alrededor. El temor descontrolado nos roba el gozo de la vida.

¿A qué le temo tanto?

Como le sucedió a Elías, muchas veces no son los tremendos temores en la vida los que nos atormentan, sino los triviales e irrelevantes que nos hacen salir corriendo. Años atrás, solía ver un programa de televisión llamado *La familia Partridge*. Era una banda familiar que viajaba por el país cantando. Una de sus canciones más destacadas tenía esta pregunta: «Entonces, ¿de qué tengo tanto miedo?». Descubrí que esta pregunta seguía teniendo validez para mí como adulta.

Los otros días, mi hijo menor, Braden, entró a la cocina con una lista de temores que imprimió de la Internet. Nos los leyó, junto con sus definiciones. Nos reímos ante algunos de los absurdos:

- *Araquibutirofobia*: el temor a que se te quede pegada la mantequilla de maní en el paladar.
- *Aulofobia*: el temor a las flautas.
- *Clinofobia*: el temor de irse a la cama. (¡Conozco a unos cuantos pequeños con este problema!).
- *Lacanofobia*: el temor a las verduras. (Sí, los niños son los más propensos a ser presas de este temor).
- *Logofobia*: temor a las palabras. (A quienes sufren de esto, los felicito por haber llegado hasta aquí).

Aunque la mayoría de los temores eran graciosos, había otros que no eran tan graciosos, es probable que se debiera a que tenían mucho que ver con los propios. Por lo general, es más fácil reírse de los miedos de los demás que de los propios.

La raíz del temor

La mayoría de los temores pueden resumirse en el aterrador trío de la pérdida, el rechazo y el fracaso. También hablaremos sobre un cuarto caso: lo desconocido. Creo que tememos a lo desconocido porque podríamos sufrir pérdida, rechazo o fracaso.

Pérdida

Antes en este capítulo, hablé sobre el temor saludable. El temor a la pérdida tiene un buen elemento. El temor saludable hace que tomemos medidas preventivas a fin de proteger lo que nos pertenece. Sin embargo, el miedo perjudicial no se calma con ninguna medida de protección. Preocupa y agobia incluso después que se toman medidas preventivas. Luego, se preocupa por la seguridad de esas medidas.

¿Cuáles son las pérdidas por las que nos preocupamos? Nos preocupa la pérdida de nuestra reputación. Nos preocupa que si estamos vestidos de azul marino podamos perder la reputación de estar a la moda. Las vidas de algunas personas las dictan la necesidad de salvaguardar su nombre. Escogen sus amigos, actividades y ropas de acuerdo con lo que pueda mantener cierta imagen.

La pérdida emocional es un temor fuerte. Algunos tienen miedo a entablar cualquier clase de relación por temor a perder a la persona. El temor a la pérdida emocional me hace orar cada vez que oigo una sirena. El primer escalofrío que siento ante el sonido de la alarma es pensar que alguno de mis hijos pueda estar en peligro. Las llamadas telefónicas de medianoche siempre me provocan una descarga de adrenalina, porque temo que la emergencia tenga que ver con la pérdida de algún ser querido.

Nos preocupamos por las pérdidas financieras. Si nos llega una carta con el logo de la agencia nacional de recaudación de impuestos es suficiente para que nos sobresaltemos. Para la mayoría, ¡esas cartas están asociadas con una potencial pérdida de ingresos y con la amenaza de prisión!

Algunas personas se preocupan por la pérdida de capacidades, mientras que otras le temen siempre a la pérdida de la juventud. Hace poco, estuve hablando con una mujer a la que no conocía muy bien. Nos dimos cuenta de que conocíamos a algunas de las mismas personas, así que le dije: «¡Ah, debes de tener mi edad!», y luego dije los años que tenía. De inmediato, ella me hizo callar. «Yo *nunca* le digo mi edad a nadie», susurró. Me dejó estupefacta. Siguió contándome todos los tratamientos y cremas que usaba para retrasar las señales de envejecimiento. Me dijo que detestaba ver cómo las mujeres mayores no recibían atención ni respeto, y que ella no iba a permitir que le sucediera lo mismo.

Conozco a otras mujeres que se someten a rigurosos regímenes de ejercicio para retrasar los embates del tiempo. Ir en contra de la segunda ley de la termodinámica (todo se encuentra en un constante estado de deterioro) requiere muchísima energía. Nadie quiere sentirse una ruina, pero algunas mujeres llegan muy lejos para asegurarse de no parecer que han perdido algo al envejecer.

Varios de nuestros temores pueden resumirse en el temor a la pérdida.

Rechazo

El temor al rechazo es tan poderoso como el temor a la pérdida. El temor al rechazo es el más usado por los medios para promocionar productos. Solía haber un anuncio publicitario que mostraba a un hombre en un ascensor. Todos se bajaban alejándose de él, rechazándolo porque no había usado el enjuague bucal apropiado. Había otro que mostraba a una pobre mujer triste porque nunca nadie le pedía una segunda taza de café. Otro anuncio publicitario mostraba cómo la gente rechazaba a un hombre porque su esposa no había usado el jabón adecuado y él tenía «una mancha en el cuello de la camisa». Al no querer sufrir las consecuencias del rechazo en ninguna de estas situaciones, la gente compraba el enjuague bucal, el café, el jabón y otros productos semejantes anunciados.

El temor al rechazo no se supera con facilidad. Sin duda, formó parte del temor que sentí al llevar puesto el vestido azul marino en la boda en el condado de Orange. No solo temía la pérdida de mi reputación, sino el rechazo de los que llevaban ropa de color beis. Este temor se adueñó de mi tiempo en esa boda.

Fracaso

El último elemento del trío principal es el temor al fracaso, e involucra un potente golpe. Nadie quiere fracasar; todos detestamos hacer las cosas mal. Muchas veces, la gente niega el fracaso porque le teme a lo que sucederá si lo admite. Les resulta imposible decir «Me equivoqué».

¿Qué es lo que tememos del fracaso? ¿Será probable que ocultos detrás del fracaso estén al acecho los temores a la pérdida y al rechazo? Si fracasamos, ¿quiere decir que somos menos de lo que esperábamos ser y que, por lo tanto, otros tienen motivos para rechazarnos?

El temor al fracaso es la causa de la ansiedad que sentimos cada vez que debemos realizar un examen. Por más que conozcamos la información, existe ese molesto temor de que el fracaso sea una posibilidad. Por supuesto, el fracaso va más allá de los exámenes. Le tememos al fracaso en los campos de la profesión, la maternidad y otras responsabilidades. No queremos fracasar por nuestro propio bien y también por el bien de otros.

Lo desconocido

Por último, llegamos al temor a lo desconocido. ¿Le temías a la oscuridad? Yo sí. Es fácil tenerle temor a lo que no podemos ver. Hasta el día de hoy, algunas veces luchamos con situaciones desconocidas. Cuando Brian y yo vamos a algún lugar y él toma un camino diferente al que estoy acostumbrada, pregunto casi con pánico: «¿Dónde estamos?».

Tampoco me gustan las sorpresas. ¿Sientes lo mismo? Prefiero saber qué recibiré de regalo, conocer cada camino que tomo, cada consecuencia de toda decisión antes de tomarla y el trasfondo de cada persona con la que me encuentro. Por supuesto, todo esto es imposible, lo cual genera estrés y más temor cuando no confío en Dios en cada situación.

Creo que le tememos a lo desconocido justo por eso, porque es desconocido. Las posibilidades de pérdida, rechazo y fracaso están siempre presentes. ¿Y luego qué? Bueno, ¡eso es desconocido!

Nuestra elección

Ninguno de nuestros temores ni de sus causas tiene el poder de controlarnos a menos que les demos poder. El temor se convierte en nuestro amigo o nuestro enemigo según nuestra elección. En su lugar adecuado, el temor es un protector, pero cuando le damos demasiada importancia, se convierte en nuestro amo.

Una joven que conozco luchaba con el paso que debía dar a continuación en su vida. Pensaba en las cosas a favor y en contra de ir a un instituto bíblico. Les pidió a todas sus amigas que oraran por ella.

Una semana después, estaba segura de que el Señor quería que fuera al instituto. Cuando le preguntaron cómo llegó a ese veredicto, respondió que no escuchó a Dios hablar con voz audible. Sin embargo, cuando pesó las razones para ir al instituto bíblico y las razones para no ir, descubrió que cada razón para no ir estaba basada en el temor. Temía perder una mejor oportunidad que se le presentara mientras estaba fuera. Temía que nadie la quisiera en el instituto. Temía que las clases fueran demasiado difíciles para ella y que no pudiera tener buen rendimiento. Temía no conocer a nadie que asistiera al instituto. Temía los aspectos desconocidos de cómo sería la vida allí.

Decidió que no quería que el temor fuera el que determinara la dirección de su vida. Decidió excluir a los temores al pesar otra vez las cosas a favor y en contra. Cuando lo hizo, descubrió que no había nada en contra, sino solo buenas razones para ir. Entonces, decidió ir al instituto bíblico, y no se arrepintió de su decisión.

Todos tenemos elecciones. Podemos ceder a esos molestos temores y permitirles que nos arruinen las oportunidades o podemos poner al temor en la perspectiva adecuada y tomar las mejores decisiones basadas en la voluntad de Dios y en los hechos. El temor puede servirnos de protección o podemos dejar que sea nuestro amo.

Al tomar decisiones, tómate tiempo para considerar las fuerzas impulsoras que se encuentran detrás. Si descubres que el temor está en el asiento del conductor, ¡sigue leyendo!

¿Qué dice la Palabra de Dios?

1. Lee 1 Reyes 19. ¿Por qué Elías se escondió en una cueva?

2. Ten en cuenta el poder del temor incluso en este gran profeta de Dios. ¿Qué te dice esto acerca de la fuerza del temor?

3. ¿En qué te parece que se basaban los temores de Elías?

4. ¿Qué hizo el temor con Elías? ¿Adónde lo llevó?

CUANDO UNA MUJER SE LIBERA DEL TEMOR

5. ¿Cómo se acercó Dios a Elías en su temor? ¿Qué reveló de sí mismo?

6. Escribe tres de tus temores. Fíjate si son saludables o no. Luego, determina el temor de fondo: pérdida, rechazo, fracaso o lo desconocido.

7. Describe un momento en que el temor saboteó una ocasión especial. ¿Qué sucedió y cómo te sentiste?

8. ¿Cómo puedes permitir que Dios te salga al encuentro en tu temor? ¿Qué ayuda y reflexiones acerca de Dios sacas de 1 Reyes 19?

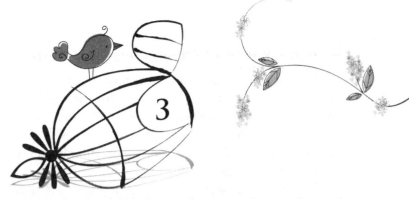

¿POR QUÉ HAGO LO QUE HAGO?

Años atrás, un día de sol radiante, mi mamá lavaba la ropa. En ese entonces, colgábamos la ropa afuera para que se secara, así que cuando terminaba de lavar, mamá llenaba un canasto con ropa y se iba al patio. Colocaba el canasto en el suelo, se ponía algunas prendas húmedas sobre el brazo izquierdo y tomaba algunos ganchos de tendedero. Colgaba las prendas una por una a lo largo de una cuerda. Todo iba de maravilla hasta que echó un vistazo hacia la cerca. ¡Dos ojos pequeños y maliciosos la estaban mirando! Una inmensa serpiente colgaba perezosa en lo más alto de la cuerda y la observaba. Mamá gritó, arrojó el canasto por el aire y corrió hacia la casa.

Cuando oí su grito, corrí a la cocina. Mamá contó lo sucedido con la ropa lavada y la serpiente. Ella sabía que la serpiente no se bajaría de la cerca para morderla, pero el susto que le dio verla le activó el instinto de «lucha o vuela»... ¡así que voló! Nos desternillamos de la risa, porque aunque sabía que no había peligro, no quiso volver a salir hasta que la «amenaza» escurridiza hubiera desaparecido. Más tarde, cuando mi padre llegó a casa, ahuyentó a la desdichada serpiente y recogió las prendas esparcidas por el suelo para que mamá las lavara de nuevo.

Cuando no actuamos como nosotros mismos.

El temor puede inducirnos a hacer cosas tontas, como tirar por el aire ropa limpia, gritar y correr lo más rápido que podemos. Estas son reacciones evidentes al temor, ¿verdad? No obstante, existen otras maneras menos evidentes de reaccionar y, algunas veces, ni siquiera nos damos cuenta de que el temor está en la raíz de nuestras respuestas.

¿Alguna vez has actuado como no lo harías tú? Detestas la manera en que te comportas y ni siquiera entiendes por qué haces lo que haces.

Cuando mi hija mayor era muy pequeña y armaba algún escándalo, siempre le decía que no actuaba según su forma de ser. Le describía el verdadero carácter amoroso que era indicativo de la clase de niñita que era. Esto resultaba casi siempre. Sin embargo, un día discutió con modo desafiante sobre su forma de ser. Insistió en que el enojo y las palabras rudas eran características de ella. Muy pronto, la mandé a su habitación. Cuando pasé junto a su puerta, la oí sollozando desde lo profundo de su corazón. Golpeé la puerta con suavidad y entré. Mientras las lágrimas le corrían por el rostro, me miró y me dijo: «No insististe en que no estaba actuando como yo misma. ¡Eso quiere decir que de verdad piensas que soy así de mala!».

Pasé largo rato convenciéndola de que sabía que en lo profundo de su ser era una niña dulce, amable y compasiva. En realidad, no había actuado como ella misma.

Todos tenemos momentos en los que no actuamos como nosotros mismos, de la manera en que nos creó Dios. Algunas veces, sabemos que actuamos así por el temor y, otras, no estamos seguras de lo que provoca nuestra conducta. Veamos algunas reacciones basadas en el temor.

Golpear

Una de las reacciones más comunes ante al temor es golpear directamente a la persona que le tememos. El rey Saúl se sentía tan intimidado por David que dos veces le arrojó una lanza.

David no había hecho nada para provocar semejante reacción en Saúl. En realidad, la Biblia nos dice que David se comportaba con sabiduría. Era leal al rey Saúl. El miedo de Saúl fue lo que le motivó a que arremetiera contra David. Su imaginación inventaba causas en contra de David y actuaba de acuerdo con sus impulsos.

✦ Las mujeres atacamos muchas veces con palabras cuando sentimos temor. Usamos palabras para herir, avergonzar o intimidar a alguien. Mi esposo, Brian, solía ser un boxeador aficionado. Me contó que uno de los secretos para la victoria en el cuadrilátero es lanzar el primer golpe. Bueno, eso es lo que intenta hacer el temor. Procura lanzar el primer golpe. El temor nos motivará a arremeter contra la persona a la que le tememos para lastimarla, arruinarla o desarmarla.

Enojo

Cuando las mujeres se sienten débiles o indefensas, casi siempre se enojan. Utilizan el enojo para motivar y manipular. Los sentimientos de debilidad e impotencia pueden causarles temor, entonces usan su enojo como una forma de protección personal.

Creo que el enojo es una de las emociones de las mujeres que se comprenden menos. Muchas veces, me he sentido enojada, pero no he podido señalar a ciencia cierta cuál es el motivo de mi enojo. En momentos así, salgo a dar una larga caminata con Jesús. Él me ayuda a comprender el fundamento de mis emociones y por qué estoy enojada. Casi siempre, descubro que el temor es lo que me ha producido enojo. Cuando en mí crece el temor y me siento impotente para hacer algo respecto al problema que tengo entre manos, uso el enojo como un arma. Tal vez no se traduzca en una letanía de palabras. Puede manifestarse, en cambio, en la frialdad del silencio. Cualquiera que sea su manifestación, a menudo el enojo es una compensación o reacción frente al temor.

Una joven que conozco se estaba embarcando en una gran aventura en el extranjero. Había tenido un año tumultuoso lleno de decisiones importantísimas. Tenía diecinueve años y este era un gran paso hacia la sanidad emocional y mental. Mientras empacaba su maleta, estalló una fuerte pelea entre la joven y su madre respecto a qué debía ponerse para el vuelo.

Para la madre, la pelea no tenía sentido, ya que la joven insistía en ponerse un par de pantalones violeta. La madre pensó que su hija bromeaba con ella cuando mencionó el asunto. Para la joven no era broma y así comenzó la pelea.

A la hija le resultaba imperdonable la actitud de su madre. Cuanto más trataba la madre de restaurar la armonía, más discordante se tornaba la conversación. De repente, todo el viaje estaba en peligro.

La madre salió de la habitación de la muchacha para atender el teléfono, agradecida del alivio (aunque fuera temporal) de la reyerta. La mujer que llamaba por teléfono era una amiga que trabajaba con adolescentes. De inmediato, la madre le contó la situación.

—Está asustada —solo le dijo la mujer que llamaba.

Esta mujer repitió poco a poco las palabras para que la madre pudiera captar todo lo que implicaban.

—Está asustada. No se trata de los pantalones violeta, sino de mudarse y dejar la seguridad del hogar. Se trata de convertirse en una joven mujer y de dejar los remanentes de la niñita que fue. Se trata de dejar todo lo que le resulta conocido para lanzarse a lo desconocido.

La madre comenzó a captar las emociones detrás de los estallidos de su hija.

—¿Qué me sugieres que haga? —preguntó.

—Regresa y dile que está asustada y con justificación. Dile que la comprendes y que piensas que es muy valiente. Dile que estás muy orgullosa de ella y que siempre estará el hogar donde puede regresar.

La madre hizo como le aconsejaron y la joven se suavizó. De repente, comprendió sus propias emociones y pudo hablar con franqueza acerca de sus temores. Madre e hija entablaron una conversación memorable.

Muchas veces, detrás de las palabras de enojo se encuentra una mujer asustada que arremete contra el otro porque no puede identificar lo que siente.

Control

Otra reacción al temor es tratar de tomar el control. La gente que tiene temor quiere tener el control de sus circunstancias. Por lo general, una mujer que está asustada conducirá y dominará la conversación por temor a que si la charla se escapa de su control, se mostrará su ignorancia en un tema.

Conozco a mujeres que quieren tener absoluto control sobre sus agendas; por lo tanto, si sucede algo fuera de su programa, se produce una crisis de gran magnitud. Insisten e imponen su voluntad sobre todos los que las rodean, porque no confían en el programa de ningún otro. Tienen temor de cualquier otro plan que no sea el suyo.

Me han acusado con justicia de conducir el auto desde el asiento trasero. Por lo general, esto sucede cuando mis temores surgen ante una mala maniobra o alguna confusión por parte del conductor. De inmediato, intento tomar el control y le digo al conductor qué hacer, a qué velocidad ir y qué dirección tomar. ¿De qué tengo temor? Bueno, tengo temor de que lleguemos tarde a destino, de que nunca lleguemos o de que tengamos un accidente. Todos estos temores me instan a tomar el control. Detesto actuar como una mandona. No quiero ser así. Sin embargo, cuando tengo temor, el lado mandón arrasa con todo para tomar el control de la situación.

Exclusividad

La exclusividad es otra reacción basada en el temor. La gente que desea aislarse para protegerse crea grupos cerrados. Esto les garantiza la continuidad de la popularidad y la seguridad, y seguir siendo útiles. Usan la exclusividad para no permitir que otra persona más talentosa, inteligente o experimentada amenace su posición.

Mi padre siempre ha dicho: «Si luchas por obtener algo, tendrás que luchar para mantenerlo». Tiene muchísima razón cuando se trata de la exclusividad. La gente que está insegura en cuanto a mantener su posición usará casi cualquier medio para impedir que se acerquen otros. Calumnian, sabotean y degradan a fin de mantener vivo su elitismo de protección propia. No sé si la gente que hace el daño es consciente de lo que hace o de lo que trata de mantener. El temor puede cegarnos respecto a nuestras acciones y conducirnos a nuestros instintos más básicos de supervivencia.

Aislamiento

El aislamiento es otra reacción común al temor. A diferencia de la exclusividad, el aislamiento no usa una identidad o un grupo social para sentirse seguro. Más bien, la gente se retrae de la interacción social y de las actividades. Debido al temor, se esconden de todos. Se aíslan en los libros, en las fantasías, en juegos e incluso en la televisión. El mundo real es demasiado aterrador.

Cuando Brian y yo éramos recién casados, yo me resistía a cada invitación que él aceptaba. A él le encantaba relacionarse con la gente, en cambio, yo me sentía abrumada en los grupos grandes. Siempre me iba de las fiestas con la sensación de que había hablado demasiado o muy poco, y me aterrorizaba terminar sola sin nadie con quien hablar.

La gente que se aísla rechaza toda invitación que implique relacionarse con otros. Temen lo que se les pueda requerir fuera de sus hogares. Conozco algunas personas que tienen tanto temor de que las hieran de manera emocional o física que se niegan a salir de los confines de sus casas a menos que sea absolutamente necesario. Están seguros de que el mundo está listo para lastimarlos y hacen lo que sea necesario para impedirlo. Sus vidas se aíslan cada vez más hasta que se convierten en reclusos.

Actitud defensiva

¿Has conocido a alguien que tenga una objeción para cada cosa que dices? Todo lo que le digan se lo toman a pecho. Sin importar de qué se hable, de inmediato se ponen a la defensiva. Tienden a pensar que todos tratan de descalificarlos o que les están mandando un mensaje negativo secreto. Leen entre líneas y oyen palabras que no se dijeron en toda la conversación.

Después que alimentó a la multitud de cuatro mil, Jesús cruzó el mar de Galilea con sus discípulos (Mateo 15—16). Mientras navegaban, Jesús les advirtió sobre la «levadura de los fariseos y de los saduceos». Jesús hablaba de la hipocresía de los fariseos. Sin embargo, los discípulos se pusieron a la defensiva de inmediato. En lugar de entender la advertencia en cuanto a la hipocresía, pensaron que Jesús se burlaba por no haber traído más pan para el viaje. Jesús, que conocía su interpretación equivocada, les recordó de su capacidad para alimentar multitudes con pequeñas cantidades de pescado y de pan, ¡y hasta de tener sobras!

Jesús fue muy directo en sus advertencias, pero debido a la actitud defensiva, los discípulos interpretaron que los estaba corrigiendo. Así actúa la actitud defensiva. Se pierde lo importante porque está demasiado preocupada de que la ataquen en forma personal o de perder el respeto o el estatus.

Impulso excesivo de compensación

El impulso excesivo de compensación viene en todas las formas y es otra reacción común al temor. Algunos hablan demasiado cuando se ponen nerviosos. Otros se arreglan en exceso, otros compran o comen demasiado. El impulso excesivo de compensación es cualquier conducta que supera el límite. Por ejemplo, conozco a muchas personas que comen todo lo que pueden el día antes de empezar una dieta, pues temen que nunca podrán volver a probar algo sabroso.

¿Y quién no se ha compensado en exceso debido al temor? Muchas veces, he preparado demasiada comida para una ocasión porque tenía temor de que no hubiera suficiente para alimentar a todos los que venían y yo pudiera quedar mal.

Conozco a una pareja que ahorraba cada cosita que recibían. Cuando el esposo murió, los hijos tuvieron que desocupar la casa. Tuvieron que abrirse paso entre pilas de un metro de alto de periódicos, de bolsas de supermercado y de recipientes vacíos de comida. Para colmo, la familia no pudo tirar felizmente todas las cosas. La pareja había escondido dinero en cada grieta y recoveco. Dentro de una caja vacía de fósforos había cinco billetes de cien dólares enrollados con esmero. La pareja anciana había compensado en exceso su temor a la pérdida, ahorrando absolutamente todo y, luego, escondiendo sus ahorros en medio de todo lo guardado.

Las mujeres que tienen temor casi siempre usan demasiados accesorios. Quieren asegurarse de tener puestas la ropa, las joyas y los zapatos más de moda. Temen parecer anticuadas o fuera de lugar para su cultura.

Hace poco, una amiga vino a la iglesia con dos pares de zapatos diferentes. Me llevó a un rincón, se modeló cada par y me pidió mi opinión. Escogí la primera opción, en ese momento sacó tres pares de aretes para que yo eligiera. ¿Por qué lo hizo? Tenía temor de su propio juicio.

Cuando no actúas como tú misma

Muchas de las acciones que he descrito han sido las mías o las de personas que conozco. A menudo, los temores de los demás nos afectan. Para tener crecimiento espiritual, es de vital importancia que reconozcamos la causa de los temores en nuestras acciones y reacciones, pues cuando se desenmascara el temor, pierde su poder para obligarnos a actuar y reaccionar.

Por ejemplo, la primera vez que ves una serpiente puedes gritar, pero cuando te enteras de que la serpiente es de plástico, ya el pánico no te domina. De la misma manera, cuando reconoces que el temor está en la raíz de tu primera reacción, es menos probable que reacciones otra vez de igual modo.

La próxima vez que te sientas confundida por una reacción negativa o por el impulso a compensarte en exceso, revisa tus pensamientos para ver si el temor está en la raíz. Una vez que reconoces que el temor está en la raíz de tu reacción, puedes lidiar con él de una manera *productiva*, quitándole su poder para intimidarte y hacerte actuar como si no fueras tú.

¿Qué dice la Palabra de Dios?

1. Lee el Salmo 37. Enumera las reacciones comunes al temor que se encuentran en los versículos 1, 7, 8, 24, 27.

2. ¿Cuáles son algunas de las reacciones que has tenido frente al temor?

3. ¿Te has encontrado actuando como si no fueras tú misma? ¿Cuándo? ¿Qué temor te parece que estaba en la raíz de tu reacción?

4. Vuelve a leer el Salmo 37. Marca con una «M», de mía, cada pasaje que hable sobre tu responsabilidad y tu reacción. Luego, usa una «D» para marcar cada pasaje que esté relacionado con lo que solo Dios puede hacer y hará.

5. ¿Qué observaste cuando respondías la pregunta 4?

6. Según el Salmo 37, ¿cuáles son algunos de los efectos del temor?

7. ¿Qué promesa del Salmo 37 necesitas recordar más? ¿Por qué?

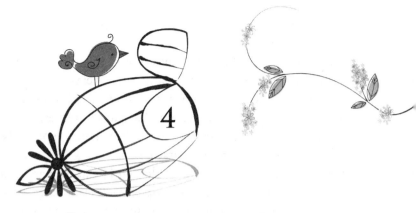

LA MALETA DEL
«POR SI ACASO»

Una pareja conocida solía viajar siempre con una maleta de más. La mujer la llamaba su maleta del «por si acaso». Considerar que esta maleta fuera una molestia era quedarse terriblemente corto. Parece ser que la maleta del «por si acaso» siempre era la última que liberaba la aduana. Siempre era la última en entrar a la cinta donde se retira el equipaje. Era la que tenía que pagar extra por exceso de equipaje. Muchas veces, desplazaba a otras maletas que hubieran sido de más ayuda. Con frecuencia, entraba a presión en el asiento trasero de los taxis y molestaba a los pasajeros. Sin embargo, no faltaba en ningún viaje por más que causara demoras, fastidios, interrupciones y vuelos perdidos.

La maleta no llevaba artículos esenciales y casi nunca se abría. Dentro de sus confines se encontraba un rollo de toallas de papel por si acaso se terminaba el rollo en la maleta principal en el transcurso del viaje. Había rollos de papel higiénico, platos de papel, vajilla de plástico, jabón para lavar los platos, detergente para la ropa dentro de bolsas de plástico, un cuchillo y una tijera de más, una sábana, una botella térmica de agua, cinta adhesiva, un segundo costurero, imperdibles, chaquetas de más, cepillos de dientes de más (por si los otros se contaminaban), almohadas inflables, una linterna, velas (en el caso de que se terminaran las baterías y se rompiera la bombilla de la linterna), baterías de más y bombillas para linternas, fósforos, un pequeño juego de herramientas, binoculares, lápices, bolígrafos, bloc de notas y otras baratijas.

La esposa tenía a mano un bloc en la cartera para anotar cualquier artículo que ella u otro pasajero deseara tener durante un viaje. Anotaba cada artículo que se mencionaba y lo incluía en la maleta del «por si acaso» en el próximo viaje. Durante el transcurso de sus viajes, invariablemente un compañero de viaje le pedía prestado algún objeto. Este objeto quedaba registrado en el bloc y después se agregaba a la maleta del «por si acaso» para el próximo viaje. Nada se quitaba jamás de esa maleta; solo se agregaban cosas nuevas. El tamaño y el volumen de la maleta del «por si acaso» crecían con cada salida y entorpecía más de una aventura.

Ni una sola vez vi a esta pareja singular abrir la maleta ni usar alguno de los objetos que tenía dentro, pero consideraban que era indispensable para sus viajes. Al envejecer, la mujer se volvió desmemoriada. La maleta se extravió y la lista se perdió. La pareja se vio obligada a omitir la maleta en viajes posteriores. Ante el asombro de ambos, comenzaron a disfrutar más de los viajes. ¡Nunca extrañaron la maleta del «por si acaso»!

Miedos acumulativos

Muchos de nosotros somos como esa pareja. Llevamos para todos lados maletas «por si acaso» de temor. Usamos deficiencias y experiencias pasadas para justificar el añadido de «herramientas» para evitar déficit o calamidades futuras, y seguir teniendo el control. Cada infortunio o carencia añade una nota mental y se agrega la compensación a la maleta «por si acaso». Tal como la maleta «por si acaso» real, nuestra caja de herramientas mental se torna una carga molesta para llevar. Casi nunca se quita un temor; en cambio, crece el número y el peso de las herramientas necesarias para manejar los miedos.

Muchos de los temores y de las compensaciones asociadas que están guardados en nuestras maletas «por si acaso» pueden ser residuos de experiencias de la infancia. Recuerdo haber mirado por televisión una y otra vez la repetición del asesinato del presidente Kennedy. Las noticias también transmitían vívidos relatos de las violentas aventuras de las pandillas de motociclistas, los levantamientos de estudiantes universitarios que quemaban edificios y a manifestantes violentos que tramaban y llevaban a cabo asesinatos contra gente inocente. Me aterrorizaba lo que veía por televisión y lo que imaginaba que me rodeaba. A mi mente de niña también le costaba discernir lo que era real de lo que era invento de la televisión. Recuerdo haber entrado corriendo a la habitación de mis padres segura de que Godzilla andaba suelto en alguna parte de Estados Unidos destruyendo edificios altos.

De niña, también me asustaba aventurarme fuera del jardín de mi casa. Me aterrorizaban las grandes ciudades y las multitudes. Sin duda, algunos de estos temores estaban empacados en mi maleta «por si acaso» y los llevé durante muchos años. Se manifestaban mediante el rechazo a ir donde hubiera multitudes y el temor a las grandes ciudades.

Compensaciones emocionales

Otros temores se añaden a nuestra maleta «por si acaso» a través de las experiencias de la vida. Cuando nos lastiman las emociones, casi siempre tomamos nota mental para evitar esa clase de persona o de situación. La compensación añadida a la maleta puede ser un prejuicio contra un tipo particular de personalidad o contra una raza. He aconsejado a mujeres que dicen que les encanta la iglesia, pero a la vez no les gustan las mujeres que van a la iglesia porque *algunas* las hirieron. Las compensaciones de los temores emocionales pueden parecerles indiferencia, apatía, engreimiento o falta de atención a los demás. Otras compensaciones pueden mostrarse mediante el uso de palabras grandilocuentes, de la exageración en el relato de los logros, del exceso de afabilidad o del uso de ropa costosa. Estas cosas se agregan a muchas maletas «por si acaso» para impedir el dolor emocional del rechazo.

He visto a otras mujeres que añaden a sus maletas un humor que las degrada, historias inventadas para hablar de sus vidas, elementos para dominar una conversación y cosas por el estilo. Una amiga siempre hacía cosas de lo más estrafalarias para hacer reír a las mujeres. Siempre parecía muy ingeniosa y entretenida, hasta el día en que la pesqué llorando a solas. Confesó que el humor era su manera de impedir que las mujeres la miraran con más atención. Dijo que les tenía un temor atroz a las mujeres debido a sus experiencias pasadas con las niñas en el internado. Su terror era que las mujeres le dirían cosas desagradables sobre sí misma y la rechazarían si no las mantenía entretenidas y riendo a cada momento.

Su maleta «por si acaso» desbordaba de humor, ingenio y trucos de entretenimiento, pero se estaba tornando demasiado pesada para llevarla sola. Nos quedamos allí sentadas durante un rato y conversamos acerca de nuestros temores mutuos. Luego, oramos la una por la otra. Desde entonces, quedamos amigas de por vida. Nos sentíamos seguras la una con la otra.

Cuando empacamos los temores de otros

Un día, mientras todavía estaba en la escuela primaria, un grupo de niñas salió gritando del baño público diciendo que habían visto a «Mary Worth». Con la respiración entrecortada, una de las niñas me explicó que habían entrado al baño, habían apagado las luces y con los ojos fijos en el espejo habían comenzado a cantar en tono monótono. Según la niña, de repente la imagen del espejo le había devuelto otro rostro. La aparición brillaba. Aunque no todas las niñas la vieron, la que decía haberla visto lanzó un grito espeluznante que impulsó a todas a correr hacia la luz del día. La credibilidad de la niña que vio la aparición era dudosa, pero aun así durante años me rehusé a mirarme al espejo en una habitación oscura.

Es fácil apropiarse de los temores ajenos. En algunos momentos, sentía completa paz respecto a lo que iba a hacer, hasta que alguna persona bien intencionada me decía todas las razones por las que debía sentir temor. En esos momentos, casi siempre cargaba esos temores y las posibles soluciones en mi maleta imaginaria.

En Inglaterra, observé a una mujer que viajaba con sus amigas. Tenía dos maletas muy grandes en comparación con la única maleta compacta de sus compañeras. Se quedó parada junto a su equipaje, esperando a que un maletero le subiera las pesadas maletas por la escalera. Mientras tanto, sus amigas, riendo, levantaron sus pequeñas maletas y se dirigieron a sus habitaciones. Suspiró de manera audible y, luego, al percibir mi mirada, me contó que tenía la espalda arruinada y que no podía cargar sus propias maletas. Esperaba a que sus amigas regresaran para ayudarla.

Sus amigas regresaron por un momento saltando por las escaleras. La mujer procedió a darles órdenes para que maniobraran con las pesadas maletas. Observé cómo las tres luchaban para subirlas. Me pregunté qué podía haber en las dos maletas de la mujer que las hiciera tan incómodas. También sentí lástima por las sumisas amigas que soportaron la humillación de sus constantes críticas e instrucciones.

Mientras observaba, pensé en lo incómodas que pueden ser esas maletas «por si acaso» no solo para quien las empaca, sino también para las mujeres que tienen que arreglárselas con los temores de su amiga. Sin duda, esas grandes maletas eran una gran molestia y un gran impedimento en el hotel para la mujer y sus compañeras.

El peaje de los «por si acaso»

Así se comportan las maletas «por si acaso». Las compensaciones por nuestros temores siguen acumulándose en nuestra vida y cargando a quienes nos rodean y nos quieren ayudar. La consecuencia de seguir llevando esos temores a cuestas es que nos perdemos muchas de las aventuras de la vida. Nos parecemos a los hombres en Lucas 9:57-62. Querían seguir al Señor, pero también querían aferrarse a sus temores al mismo tiempo. Jesús invitó a estos tres hombres a la aventura suprema: acompañarlo en su ministerio terrenal. Sin embargo, se perdieron la oportunidad. El primero quería garantizar la seguridad material, pero Jesús le dijo: «Las zorras tienen guaridas, y las aves de los cielos nidos; mas el Hijo del Hombre no tiene dónde recostar la cabeza» (Lucas 9:58). El segundo quería seguridad financiera. Primero, quería enterrar a su padre, lo que incluía esperar su herencia después de la muerte. Jesús le dijo que ese era el momento para ir y predicar el evangelio (versículo 60).

El tercer hombre no quería arriesgarse a que la familia se disgustara con él, por eso pidió volver a verlos una vez más antes de continuar. Jesús le dijo: «Ninguno que poniendo su mano en el arado mira hacia atrás, es apto para el reino de Dios» (versículo 62).

Estos hombres se perdieron la aventura de ver cómo Jesús resucitaba a los muertos, limpiaba a los leprosos, curaba a los enfermos y sanaba a los paralíticos. Se perdieron la gloria de oír su voz echando fuera demonios, calmando los mares embravecidos y predicando a las multitudes. Se perdieron de comer con Jesús, de conversar con Él, de transitar los caminos de Israel en su compañía, y todo por sus temores a dejar la seguridad por las preocupaciones familiares y monetarias, y por el temor a dejar atrás la aceptación familiar.

Dios tiene una aventura que te está esperando. Muchas de sus aventuras comienzan con una carencia, de modo que su gloria y provisión puedan verse. Si llevas a cuestas una maleta «por si acaso» a cualquier lugar que vayas, nunca conocerás la provisión divina. Tal vez, tu maleta «por si acaso» ha estado impidiendo la vida abundante que te prometió Jesús (Juan 10:10). Quizá la idea de dejar atrás tus temores y los mecanismos para soportarlos te parezcan demasiado. ¿Qué tal otra opción? ¿Por qué no desempacarlos y listo? Eso es bueno. Abre la maleta en compañía de Jesús y muéstrale todos los temores y las compensaciones que has estado cargando.

Sé que el día en que decidí hablar con franqueza de nuestros temores comunes con mi amiga que hacía reír a todo el mundo, fue el día en que ambas pudimos alivianar nuestras cargas. El solo hecho de saber que llevábamos los mismos temores nos permitió reírnos de nuestras preocupaciones y quitarlas de nuestra relación. Nuestra amistad se tornó más preciosa y estrecha, porque nos sentíamos seguras en compañía de la otra.

Considera dejar atrás tu maleta «por si acaso» o desempacarla en presencia de Jesús para que Él pueda ayudarte a lidiar con cada cosa en particular. Si lo deseas, puedes incluir a una amiga de confianza en el proceso de desempacar. No me sorprendería si te encontrara riendo ante algunos de los temores absurdos que te han abrumado durante años. Cuando los temores se comparten, comienzan a salir. Es hora de seguir adelante en la aventura que Jesús tiene preparada para ti.

¿Qué dice la Palabra de Dios?

1. Lee Lucas 18:18-27; 19:1-10. ¿Qué tenían en común el «joven rico» y Zaqueo?

2. ¿Qué le impidió al joven rico seguir a Jesús?

3. ¿Qué estuvo dispuesto a hacer Zaqueo a diferencia del joven rico?

4. ¿Qué quería cada uno de ellos de Jesús?

5. ¿Cuál te parece que es la principal diferencia entre estos dos hombres y sus acciones?

6. ¿Qué temor (o temores) te parece que contribuyó a la pena del joven rico?

7. ¿Qué temores debes desempacar y dejar atrás al seguir a Jesús rumbo a la vida abundante que te promete?

8. ¿Qué pasos puedes dar para comenzar hoy este proceso?

9. Copia Jeremías 29:11. Añade los planes y pensamientos que Dios tiene para ti.

PORQUE CUAL ES SU PENSAMIENTO...

La Biblia tiene mucho que decir sobre la importancia de nuestra manera de pensar. No es para menos, ya que nuestro modo de pensar determina si vivimos en fe o en temor. Proverbios 23:7 afirma: «Porque cual es su pensamiento [de una mujer]en su corazón, tal es [ella]». El proceso mediante el cual se desarrollan nuestros pensamientos es crucial para librarnos de temores perjudiciales. En referencia a la manera en que pensamos, Jesús dijo: «La lámpara del cuerpo es el ojo; así que, si tu ojo es bueno, todo tu cuerpo estará lleno de luz; pero si tu ojo es maligno, todo tu cuerpo estará en tinieblas. Así que, si la luz que en ti hay es tinieblas, ¿cuántas no serán las mismas tinieblas?» (Mateo 6:22-23). En otras palabras, si la lente a través de la cual percibes la realidad y filtras la información está dañada u oscurecida, toda tu perspectiva se verá afectada.

Los profesionales de la salud han hecho una conexión entre los procesos cognitivos y la salud mental. Han descubierto que los temores agobiantes crean a menudo «procesos de pensamiento equivocados». Es lamentable que estos procesos de pensamiento sean muy comunes. Es probable que alguno de ellos te resulte conocido.

Perfeccionismo

Pienso que todos hemos caído en esta clase de pensamiento en un momento u otro. Esperamos la perfección. Nuestras mentes se obsesionan con la perfección de modo que nos preocupamos y añadimos precaución tras precaución contra el fracaso. El perfeccionismo hace que nos concentremos en todos los impedimentos posibles en lugar de concentrarnos en el proceso para alcanzar el objetivo.

El perfeccionismo exige un resultado en particular y se niega a satisfacerse con nada menor que la excelencia. La gente que piensa así no suele intentar nuevas tareas ni perseguir nuevos intereses porque temen no poder hacer las cosas a la perfección. Le temen al fracaso.

La mayoría de los intentos de perfección terminan en fracaso. Solía encantarme hacer colchas. Cuando traté de hacer una perfecta, pasé muchísimo tiempo perfeccionando las costuras. Una y otra vez traté de que las puntadas quedaran perfectas. Al final, frustrada, estaba lista para abandonar por completo el proyecto. Para ese entonces, el Señor me envió una amiga maravillosa que dominaba la máquina de coser. Me dijo que su secreto era su *falta* de perfección. Todos sus proyectos y colchas se veían preciosos, aun cuando señalaba pequeños errores que había cometido. Afirmaba que le daban personalidad e individualidad a sus creaciones. Eso me liberó de verdad. Perdí el temor de tener colchas imperfectas y decidí revitalizarme haciendo colchas con personalidad.

Generalizaciones

La generalización es el proceso de tomar incidentes excepcionales y convertirlos en posibilidades comunes para nosotras. Por ejemplo, supongamos que te enteras de alguien que tuvo un accidente en un lugar particular de una carretera. Puedes pensar: *Esa carretera es peligrosa. Será mejor que no viaje por allí.* Y entonces, no conduces por allí porque crees que todos los que lo hacen corren el riesgo de chocar. Así, escuchas las noticias y descubres que comienzas a evitar varios caminos. Pronto, te encuentras limitada a unas pocas cuadras y todos tus viajes se ven limitados.

Los medios son expertos en usar generalizaciones para generar temor. Como quieren historias que capten la atención, se concentran en los detalles y nos advierten que tengamos cuidado, insinuando que a menos que hagamos ciertas cosas, somos susceptibles a las mismas experiencias negativas de la gente que sale en las noticias y que la han raptado, que han sufrido una terrible enfermedad, que los partió un rayo o lo que sea. Pronto, añadimos nuevos temores a nuestra carga que ya es pesada.

Las generalizaciones nos hacen vulnerables a las circunstancias poco comunes que experimentan otros. La gente que practica esta clase de pensamiento, con frecuencia permite que sus temores limiten en gran manera sus actividades. Tienen cada vez más temor de arriesgarse.

Negativismo

Recuerdo lo entusiasmada que estaba en una reunión a la que asistí para planear una actividad. Rebosaba de ideas creativas como muchas de las otras mujeres que habían ido. Todo iba bien hasta que apareció la «Srta. Pesimista». Cada idea que se sugería se recibía con una letanía de potenciales complicaciones. Decía que era una persona «detallista», pero lo que ponía sobre la mesa no eran solo detalles. Aportaba comentarios negativos y presentaba cada oportunidad como una carga. Al final, cancelamos el evento porque nos parecía que no podíamos resolver las objeciones de la Srta. Pesimista.

Esta mujer tenía una perspectiva muy negativa. Estaba demasiado concentrada en lo peor que podía suceder en cada propuesta. Su perspectiva magnificaba los problemas sin considerar las bendiciones que semejante actividad podía ofrecerles a las mujeres que vinieran. En otras palabras, el negativismo magnifica las complicaciones y minimiza los beneficios. La falta de equilibrio produce una multitud de temores que tratan de superar cualquier recompensa que se pueda alcanzar. El pensamiento negativo le da paso a la inactividad y a la rutina. La persona negativa teme intentar cualquier cosa nueva y casi siempre influye en otros hacia la misma dirección.

Suposiciones

¿Alguna vez supusiste que sabías lo que pensaba otro y, luego, descubriste que estabas equivocada? Después de hablar en una conferencia para mujeres, se me acercó la mujer que la organizó. Con lágrimas en los ojos me preguntó qué hizo para ofenderme. Me sorprendió, porque esta mujer me resultaba muy agradable. Le dije que solo tenía buenos pensamientos respecto a ella.

Me contó que se había imaginado que yo sentía rechazo por ella por alguna razón u otra, pues la noche anterior le solté la mano de repente. Yo no recordaba haberle tomado la mano ni haberla soltado, así que le aseguré que nuestra relación estaba bien y que, por cierto, no había tenido intención de darle ninguna otra impresión.

Tal vez esta mujer estuviera lidiando con alguna condenación personal y se encontraba demasiado sensible debido a eso. Así es como actúan las suposiciones. Les atribuyen sentimientos o actitudes equivocados a los demás.

Una amiga recibió una carta de negocios de una mujer con la que tuvo problemas. La carta parecía bien directa para todos menos para mi amiga. Como conocía el carácter de la mujer y había tenido problemas previos con ella, leyó y releyó la carta para descubrir cualquier insulto o desaire posible. Pasó horas meditando en lo que le parecía que insinuaba la carta. Se obsesionó. Un día, la trajo a nuestra reunión de oración.

«¿Por qué permites que te aterrorice de esa manera?», le pregunté. «Le estás prestando más atención de la que merece. Sin duda, estás interpretando más en esta carta de lo que esta mujer te quiso decir, y así le permites que te lastime una y otra vez. ¿Por qué no la tomas por lo que dice y la dejas de lado?».

Los hermosos ojos azules de mi amiga se abrieron ante el descubrimiento. Sus suposiciones sobre la intención de la mujer que escribió la carta le creaban heridas más profundas de lo necesario.

Suponer lo que piensa o se propone otro puede consumir mucha energía emocional. Y, al final, muchas de nuestras suposiciones son inciertas. Las suposiciones crean temores que casi siempre se basan en la imaginación o en las falsas creencias.

Falta de perspectiva

Un año, en un campamento de verano, el maestro de la Biblia llevó a nuestra clase afuera para ver una gran montaña. La montaña llenaba todo el horizonte. Luego, nos entregó a cada uno una moneda de un centavo y nos dijo que cerráramos el ojo izquierdo y lleváramos el centavo cerca del ojo derecho hasta que no pudiéramos ver más la montaña. Me asombró ver que una moneda tan pequeña podía bloquear de mi vista semejante objeto. El maestro usó esta ilustración para enseñarnos la importancia de la perspectiva. Nos dijo que era peligroso dejar que los problemas triviales bloquearan a Dios de nuestra vista.

¡Y tenía razón! Muchas veces, nos concentramos en nuestros problemas hasta excluir a Dios. Nuestras preocupaciones adquieren proporciones descomunales, al igual que el centavo, bloquean la visión de la majestuosidad que tenemos ante nosotros. Cuando perdemos de vista a Dios, solo nos quedamos con nuestros problemas, estado que de por sí produce temor.

Etiquetas

Detesto que me etiqueten. Me hace sentir como si me hubieran colocado en una caja y relegado al estante de un armario. Sí, sé que he etiquetado a otros. Es muy fácil hacerlo. Por ejemplo, lo he usado como manera de desechar comentarios hirientes que alguien ha hecho sobre mí. Si llego a la conclusión de que la persona es mala, puedo descartar con más facilidad lo que dice esa persona. Una vez, al terminar de enseñar sobre un pasaje de la Escritura bastante condenatorio, se me acercó una mujer que sonrió y dijo: «Vaya, usted sí que es vehemente». Sabía que me habían catalogado de «extremista» y que habían desechado o empequeñecido mi mensaje.

Las etiquetas categorizan a la gente. Podemos catalogar a la gente de vehemente, obstinada, servicial, deshonesta, etc. Luego, juzgamos sus acciones y sus palabras según la etiqueta con la que le calificamos. Si llego a la conclusión de que una persona es deshonesta, me doy la libertad de cuestionar todo lo que dice. Si oigo algo negativo sobre una persona y yo la he catalogado como mala, puedo consolidar mi etiqueta y creer que es mejor evitarla.

En cierta ocasión, oí a una política que se jactaba de negarse a respetar a cualquiera que no perteneciera a su partido político. Me estremecí ante una declaración tan desdeñosa. Eso es lo que hacen las etiquetas. Crean una lente que muchas veces tiene poco que ver con la realidad y, luego, usa esa lente para evaluar a los individuos.

El temor general que crea esta clase de pensamiento es que no se puede confiar en cierta clase de personas. Por ejemplo, no se puede confiar que alguien con la etiqueta de «vehemente» sea razonable o juiciosa.

Quienes etiquetan casi nunca llegan a conocer la complejidad de la manera de pensar y de vivir de los demás. Cuando la persona etiquetada hace algo, en lugar de evaluarla de manera objetiva y profunda, el que la catalogó le pone un nombre y la archiva sin darle una mirada más a fondo.

Legalismo

Cuando estudiaba en la universidad, estaba decidida a perder peso. Para motivarme, escribí una lista de reglas estrictas.

No comería azúcar, pan, ni comidas fritas. Consumiría muchas verduras y ensaladas.

El problema era que las reglas eran tan estrictas que si comía una pizca de azúcar sentía que ese día había arruinado la dieta. Entonces, me engullía todo lo prohibido que se me ocurría ya que, de todos modos, había echado a perder la dieta. Planeaba comenzar la dieta otra vez al día siguiente o la semana siguiente. Mis dietas universitarias terminaban, por lo general, en aumento de peso en lugar de pérdida de peso.

Culpo al pensamiento legalista por mi aumento de peso. Al volver la vista atrás, veo que lo estricto de las dietas era lo que me llevaba al fracaso. Las reglas eran demasiado inflexibles. ¡Y eran reglas que yo misma había hecho! Mi vida estaba regulada por lo que debía hacer y lo que no debía hacer.

El legalismo tiene que ver con las restricciones y las mediciones que no son bíblicas y con las reglas que les imponemos a los demás o que nos imponemos a nosotros mismos. Cuando juzgo a otros por la regularidad con la que van a la iglesia, por lo limpias que tienen sus casas, por lo modernas que son sus ropas o por la manera en que decoran las casas, he desarrollado una mentalidad legalista. Esta mentalidad llevará a más temores, pues en algún punto, la gente no podrá vivir según las estrictas normas que he puesto. Tampoco podré hacerlo yo. El libro de Proverbios afirma unas cuantas veces que una medida injusta es abominación a Dios. A Dios no le gusta que nos midamos mediante severas normas externas. Tampoco quiere que juzguemos a otros con dureza. Él conoce el daño que causa este modo de pensar y los temores que produce.

Algunos piensan que vivir de acuerdo con su propio conjunto de normas y medidas les da seguridad, pero estas los oprimen en realidad. Recibí la queja de una mujer sobre la manera en que se vestían algunas mujeres en la iglesia. Me pidió permiso para hablar con ellas. Sin pensarlo mucho, le di permiso.

Al día siguiente, recibí otra llamada de una preciosa mujer de la iglesia. Estaba llorando. Le pregunté qué le sucedía.

Me contó que la habían reprendido por la manera en que se vestía. La habían acusado de ser provocativa. Me quedé estupefacta. La mujer a la que le había dado permiso para vigilar la modestia le había llamado la atención. En este caso, no era cuestión de cómo se vestía, sino de la manera en que se maquillaba. La mujer que la reprendió le dijo que llamaba la atención.

Me sentí espantosamente mal por haber sido parte, sin darme cuenta, de esta situación. Acordé una reunión con la celadora de modestia. Cuando nos encontramos, me di cuenta de que su atuendo era exageradamente modesto. Era un día caluroso y llevaba puestas mangas largas y un cuello alto. También tenía puesta una falda larga que le llegaba a los tobillos. Mientras hablaba con ella, me confesó que antes de conocer a Cristo había llevado una vida licenciosa. Como temía volver a ese estilo de vida, se había impuesto severas normas y, luego, las hacía extensivas a las mujeres de la iglesia. Sus medidas exageradas habían dado lugar a la paranoia de qué sucedería si no se vestía con suma modestia. Su temor a caer en pecado había terminado en un legalismo abierto hacia sí misma y hacia las que la rodeaban.

Pensamiento adecuado

Como hemos visto, los procesos de pensamiento equivocados producen una miríada de temores. Tal vez hayas reconocido alguno de estos procesos negativos de pensamiento en tu propia mente. Queremos reconocer el pensamiento equivocado y corregirlo antes de que genere más temor. Sin embargo, ¿cómo podemos cambiar nuestros procesos de pensamiento? La respuesta es pensar de manera bíblica.

La Biblia nos indica que ciñamos los lomos de nuestro entendimiento (1 Pedro 1:13). El apóstol Pablo les escribió a dos iglesias diferentes para que lidiaran con este problema. A los corintios les escribió sobre la importancia de llevar «cautivo todo pensamiento a la obediencia a Cristo» (2 Corintios 10:5). Debemos reconocer cuándo nuestros pensamientos nos conducen al temor. Entonces, debemos someter esos pensamientos a Jesús.

A continuación, debemos someter nuestros pensamientos al filtro que Pablo les proporcionó a los filipenses. En Filipenses 4:8, Pablo escribió: «Por lo demás, hermanos, todo lo que es verdadero, todo lo honesto, todo lo justo, todo lo puro, todo lo amable, todo lo que es de buen nombre; si hay virtud alguna, si algo digno de alabanza, en esto pensad». Debemos pasar todo pensamiento por este filtro bíblico *antes* de meditar en él.

¿Cómo funciona? Cuando un pensamiento perjudicial, negativo o de temor salta en mi cabeza, me pregunto lo siguiente:

- ¿Es verdadero?
- Si es verdadero, ¿es honesto (vale la pena pensarlo)?
- Aun cuando sea verdadero y honesto, ¿es justo?
- Si es verdadero, honesto y justo, ¿es puro (sin que mi imaginación lo haya adulterado)?
- Aunque pueda ser verdadero, digno de consideración, justo y sin que mi imaginación lo haya adulterado, ¿es amable y de buen nombre?
- ¿Existe un pensamiento mejor para considerar? Tal vez sería mejor meditar en lo que es de buen nombre, en un atributo virtuoso o en algo loable.

Si mi pensamiento no pasa esta prueba, lo someto a Dios y le pido que inspire pensamientos dignos de mi relación con Él.

Hace poco, mi nieto mayor estaba a punto de quedarse dormido. De repente, abrió los ojos.

—Abuela, no puedo contarte algo que mi padre me deja hacer. Ay, ¿por qué no puedo contártelo? —se lamentó.

Le aseguré que según el libro de la abuela, podía contarme cualquier cosa. Entonces, me informó que su padre lo había dejado ver una película donde había lobos aterradores. Se lo había rogado a su padre, y él, en contra de su buen juicio, había cedido. Ahora, cada vez que mi nieto cerraba los ojos, veía a esos lobos que le hacían muecas y lo miraban.

Le expliqué que tenía que entregarle esos pensamientos a Dios.

—Ya lo he hecho, abuela —me explicó—. Pero vuelven una y otra vez.

—No puedes dejar tu mente vacía —le aconsejé—. Debes pedirle a Dios que te dé nuevos pensamientos a cambio de esos.

Le tomé la mano y oramos por él, de modo que tuviera nuevos pensamientos que sustituyeran los que lo asustaban y que quería que Dios le quitara. Terminamos y Cade cerró los ojos. Pronto, sonreía.

—Abuela, Dios me está dando algunos pensamientos increíbles. Estoy pensando en un gran tiburón blanco depredador. Sí, ¡este sí que es un buen pensamiento!

(Aunque ese pensamiento me hubiera aterrorizado más que el de los lobos, era el nuevo pensamiento adecuado para Cade).

Tal vez tú también necesites un nuevo pensamiento. ¿Has estado tratando de librarte de pensamientos aterradores sin éxito? Debes hacer algo más que orar para que se vayan los pensamientos; debes pedirle a Dios que ponga nuevos pensamientos en tu mente. Pídele que te ayude a pensar en «esto» utilizando el criterio de Filipenses 4:8. Cuando lo hagas, descubrirás que tus pensamientos atemorizadores los sustituyen otros que edifican la fe.

¿Qué dice la Palabra de Dios?

1. Lee Filipenses 4:8-9. ¿A cuál de los patrones de pensamiento de este capítulo eres propensa?

2. ¿Cuál patrón negativo es el más sobresaliente en tu proceso de pensamiento?

3. ¿Por qué te parece que eres propensa a pensar según este patrón?

4. Escoge un pensamiento de temor que sea recurrente y pásalo por el filtro de Filipenses 4:8:

- ¿Es verdadero por completo?
- ¿Es honesto, justo, heroico u honorable? Sí o no, ¿por qué?
- ¿Es un relato justo de lo sucedido o este pensamiento contiene cierta inclinación?
- ¿Es un pensamiento puro o está mezclado con presuposiciones y conjeturas?
- ¿Es algo agradable para considerar?
- ¿Este pensamiento es un buen informe o es un rumor, un chisme o una conjetura?
- ¿Este pensamiento es virtuoso? ¿Añadirá una dimensión de santidad a tu vida?
- ¿Resultará en una mayor comprensión del poder, el carácter o la gloria de Dios?

5. ¿Tu pensamiento de temor sobrevivió?

6. ¿Cómo te parece que te afecta la manera en que piensas?

7. ¿Cómo implementarías un mejor patrón de pensamiento usando 2 Corintios 10:4-6?

8. Ahora, dedica un momento para entregarle tus pensamientos a Dios. ¿Qué promesa contiene Proverbios 16:3 para ti cuando haces esto?

DEJEMOS ATRÁS EL TEMOR

Recuerdo cuando mi hijo tenía cuatro años y me ofrecía su mano diciendo: «Vamos, mamá. No tengas miedo. Yo te ayudaré». Me extendía la mano desde el techo de la iglesia. Alguien había tenido la inspiración de ofrecer una fiesta del Día de la independencia en el techo de nuestro edificio. Todos habíamos llegado a la fiesta a través de una escalera que tenía unos seis metros por un espacio de sesenta centímetros entre el último escalón y el techo. Desde esa perspectiva, los fuegos artificiales del parque se verían maravillosos.

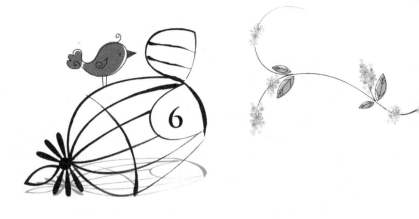

DEJEMOS ATRÁS EL TEMOR

¿Alguien te ha dicho: «No tengas temor»? Lo más probable es que cuando la persona lo dijo, no tuvo el efecto deseado. A menos que el individuo que lo dice tenga el poder para disipar tu temor, seguirás teniendo miedo.

Recuerdo cuando mi hijo tenía cuatro años y me ofreció su mano diciendo: «Vamos, mamá. No tengas miedo. Yo te ayudaré». Me extendía la mano desde el techo de la iglesia. Alguien había tenido la inspiración de ofrecer una fiesta del Día de la Independencia en el techo de nuestro edificio. Todos habíamos llegado a la fiesta a través de una escalera que tenía unos seis metros con un espacio de sesenta centímetros entre el último escalón y el techo. Desde esa perspectiva, los fuegos artificiales del parque se verían maravillosos.

Parecía una estupenda idea hasta que comencé a subir por la escalera. En algún lugar entre el piso y la mitad del camino, me comenzaron a temblar las rodillas. A esta altura, todos menos Jim, el superintendente, habían llegado al techo. Subió detrás de mí y me aseguró todo el tiempo que no me dejaría caer. No estoy segura de cómo alcancé el último escalón, temblorosa como estaba. Sin embargo, fue allí donde Char extendió su preciosa manito y me dijo que no tuviera temor.

Me gustaría decir que su valentía mitigó mis temores, pero no fue así. En realidad, los aumentó. Temía que se cayera al tratar de alcanzarme. Lo insté a que retrocediera del borde del techo. Entonces, apareció Brian y me extendió su mano. Él me haló y, desde abajo, Jim empujó y, de alguna manera, llegué al techo. Aunque todos los demás caminaban de un lado al otro, yo ni siquiera podía mantenerme parada. Caminé a gatas hasta donde se encontraba mi familia y esperé los fuegos artificiales. No recuerdo el descenso, pero sí recuerdo el júbilo que sentí al estar otra vez en tierra firme.

Alguien que te ofrece una mano o un amistoso «No temas» no es suficiente para lograr que se vaya el miedo. Aunque el ofrecimiento de mi hijo era sincero, su gesto aumentó mis temores cuando añadí su situación precaria a la mía. Los miedos tienden a no desaparecer con facilidad.

En la Biblia, cada vez que aparecía un ángel, el prefacio de su mensaje siempre era «No temas». Creo que existía una legítima razón. Los ángeles tenían una apariencia majestuosa. Estos increíbles embajadores de Dios son imponentes. En la Biblia, muchas veces se les ve con espadas en la mano. No es para menos que la primera reacción que inspiren en la gente sea el temor. Tal vez la segunda reacción, después de oír el «No temas», sea de una mayor confianza.

Más que palabras

El temor no se desaparece por la determinación. No se va solo porque alguien nos diga que no temamos. Incluso, una historia bíblica o un versículo de la Escritura no alivian el temor.

Cuando era pequeña, mis padres me dejaron al cuidado de mi hermano mayor, Chuck. Su dormitorio estaba por debajo del nivel principal. Mi dormitorio daba al frente de la casa al nivel de la calle. Cuando la hora había avanzado, me animó a que fuera a la cama. Subí las escaleras yo solita y me subí a la cama. En cuanto cerré los ojos, desfiló ante mi mente toda clase de imágenes aterradoras. Arrojé las colchas a un lado y corrí escaleras abajo. «¡Chuck! ¡Chuck!», grité con frenesí. «¡Tengo miedo!»

Después de tratar en vano de razonar conmigo para que alejara los miedos, mi hermano decidió orar por mí. Inclinó la cabeza y le pidió a Dios que me permitiera ver a sus ángeles acampando a mi alrededor. Esto fue suficiente hasta que volví a mi cama y me tapé con las colchas. Mi mente comenzó a funcionar a toda velocidad. La información bíblica que tenía a los nueve años solo alimentaba mi imaginación.

Mi mente comenzó a recordar los relatos bíblicos de apariciones de ángeles en la Biblia. Pensé en el serafín que volaba alrededor de Isaías con el carbón encendido. Pensé en el ángel Miguel, mencionado en el libro de Daniel. Peleaba con otros ángeles. Luego, estaba Gabriel, el que se le apareció a María. Sus primeras palabras fueron: «No temas». Posteriormente, estaba el ángel, bañado de luz, que se les apareció a los pastores la noche del nacimiento de Jesús. Él también tuvo que decirles a los pastores que no temieran. Medité en este tema y recordé al ángel que liberó a Pedro de la prisión hasta que mi imaginación se vio inundada por criaturas aladas que volaban, ¡y vaya si tenía imaginación!

Imaginé las criaturas angelicales de las cuales escribió Ezequiel. Cada una tenía tres pares de alas. Tenían cabezas con cuatro caras diferentes. De un lado parecían un hombre, del otro un buey, del otro un león y del otro un águila. ¿Quería ver a esas criaturas acampando alrededor de mi habitación? ¡No!

Salí de mi habitación corriendo como un rayo antes de que pudieran aparecer esas criaturas aladas. Corrí escaleras abajo y sin aliento me encontré con mi hermano. «¡Chuck! ¡Chuck!», gemí. «No quiero ver un ángel. Tengo miedo de los ángeles. No quiero verlos en mi habitación».

Chuck, que estaba un tanto distraído con alguna actividad, hizo una pausa. Me miró, inclinó la cabeza y comenzó a orar por mí. Esta vez oró para que pudiera ver la mano de Dios y no los ángeles.

Un poco aliviada ante el despido de los ángeles, regresé a la cama. Otra vez, mi imaginación tomó vuelo. Recordé Isaías 40, donde Dios había medido las aguas de la tierra en el hueco de su mano. Isaías también hablaba de cómo Dios había desplegado el universo con su mano. En los ojos de mi mente, vi una mano gigante que venía a mi habitación y llenaba todos los huecos. Me aterrorizaba pensar en lo que iba a suceder. Antes de que la mano de Dios pudiera manifestarse por completo en mi habitación, me escurrí fuera de la cama y corrí escaleras abajo.

«¡Chuck! ¡Chuck!», grité mientras bajaba. Pude escucharlo suspirar cuando me acercaba.

Me miró exasperado.

«No quiero ver la mano de Dios. Tengo miedo de ver su mano gigante en mi habitación».

Sin dejar lo que estaba haciendo, Chuck me impuso la mano y comenzó a orar: «Señor, ¡que mi mamá y mi papá vengan pronto!».

En la Biblia, muchas veces aparece la orden «No teman». Sin embargo, la simple lectura de estas palabras no es suficiente para desaparecer el temor. ¿Cómo podemos detener una descarga de adrenalina que corre por nuestro cuerpo y aumenta los latidos del corazón cuando nos sobreviene el temor? ¿Cómo detenemos el cosquilleo que nos corre por la columna? ¿Cómo hacemos para que las rodillas dejen de temblar?

Ninguna frase o instrucción devota pueden disipar el temor. Muchos leen en la Biblia: «No temas», y desean que sus miedos desaparezcan, pero descubren que sus temores siguen allí. *Solo podemos vencer el temor mediante la seguridad que nos da la fe.*

La segunda respuesta: La fe

Por lo general, mi primera respuesta es el temor. Es típico del ser humano. El temor aparece de repente. Sin embargo, he descubierto que por la gracia de Dios mi segunda reacción puede ser la fe.

Observé una sesión de terapia entre una jovencita y su madre. Podía sentir la rabiosa hostilidad que emanaba de la jovencita allí sentada frente a frente con su madre. Las dos tenían los ojos fijos en la otra. De la joven salía una letanía de acusaciones. La madre asentía aceptando algunas y, ante otras, meneaba la cabeza con lentitud. Algunas de las acusaciones eran ciertas y otras eran suposiciones de una mente narcotizada. Algunos de los reclamos eran lo bastante duros como para que me fulminara en la silla. Cuando la hija terminó, miró triunfante a la madre.

—¿Te refieres a la vez en que descubrí que te estabas drogando? —preguntó la madre con docilidad.

—Sí —dijo enfadada la joven desafiante.

Con lentitud, la madre asintió con la cabeza.

—Ese fue un mal momento. Dije un montón de cosas que no debí haber dicho. Se me parte el corazón por las cosas que te dije. Lo siento, pero debes entender que fue un impacto muy grande para mí. Nunca pensé que fueras capaz de... nunca pensé que podrías...

La madre describió en detalles los sucesos ocurridos esa noche y la inmensidad de su aflicción. La hija se suavizó de forma visible.

—Debes entender el dolor y la conmoción de tu madre —le dijo la consejera a la joven—. ¿Puedes comprender su reacción?

La joven seguía mirando con fijeza a la madre y respondió:

—Me heriste profundamente.

Las lágrimas surcaron el rostro de la madre mientras escogía las palabras con cuidado.

—Lamento mucho haberte herido. Cariño, no puedo prometerte que mi primera reacción siempre será buena. La vida nos sorprende con demasiadas cosas inesperadas. Aun así, puedo prometerte que le llevaré toda situación y reacción a Dios, y que mi segunda reacción será la apropiada.

—¿Oíste a tu madre? —interrumpió la consejera—. No puedes pedirle más que eso. Nadie puede garantizar su primera reacción. Muchas veces, no tenemos poder sobre la primera. Te ha ofrecido todo lo que puede. Te ha prometido entregar tanto la situación como su reacción al Señor para descubrir la mejor segunda reacción posible.

Las lágrimas se asomaron a los ojos de la hija. Asintió con la cabeza. En sus labios se esbozó una ligera sonrisa. Se inclinó hacia su madre y se abrazaron.

—Es suficiente. Te perdono —le susurró la joven con suavidad.

La madre tenía razón. Nadie puede garantizar su primera reacción. El temor nos golpea en forma inesperada, y reaccionamos ante él. Jamás olvidaré cuando tenía a mi bebé de dos meses en los brazos mientras estábamos en la playa. Nos encontrábamos con un grupo de amigos de la iglesia. De repente, un abejorro voló hacia mí. Sin pensarlo, levanté a mi bebé y lo puse como un escudo.

Brian me vio y gritó: «¿Qué haces?».

Había reaccionado por pánico, sin pensar en lo que estaba haciendo. Cuando me di cuenta, acerqué al bebé contra mi pecho y lo protegí de la abeja agresiva.

Deberíamos saber que el temor es injustificable, ilógico y está equivocado, pero aun así, puede provocarnos una reacción negativa que no planeamos. Sin embargo, aunque nuestra primera reacción puede estar basada en nuestros temores, podemos presentarle la situación y nuestra reacción a Dios, y recibir la guía para una segunda reacción más de acuerdo con su voluntad.

David escribió: «Busqué a Jehová, y él me oyó, y me libró de todos mis temores» (Salmo 34:4). David, el campeón de Israel, el salmista, el pastor, el que mataba osos, el que domaba leones, el que venció a Goliat el gigante y el líder del ejército de Israel tenía momentos de temor. Si el poderoso David tenía temor, ¿cómo puedo escapar del helado dedo del miedo? ¡Tal como lo hacía David! Él dijo: «En el día que temo, yo en ti confío» (Salmo 56:3). David llevaba su primera reacción y la situación a Dios, y la intercambiaba por fe, por confianza en Dios.

Entonces, ¿cómo puede la fe sustituir al temor? ¿Qué es la fe?

La fuente de la fe

Por decirlo de manera sencilla, *la fe viene por creer y aplicar la Palabra de Dios*. El apóstol Pablo escribió en Romanos 10:17: «La fe es por el oír, y el oír, por la Palabra de Dios». Conocer una verdad no es suficiente. La verdad debe *aplicarse como es debido a la situación* en nuestra vida.

Una amiga mía tuvo la ilustración más brillante que he oído para este principio. En un retiro al que ambas asistimos, Linda usó un frasco de champú para resaltar esta verdad.

Aunque un frasco de champú promete un cabello limpio y brillante, con solo comprar ese champú no obtendrás los resultados prometidos en la etiqueta. Conocer a otros que tienen el cabello brillante por usar ese champú tampoco te dará resultado. Poseer el champú y llevarlo a todas partes no te garantizará un cabello limpio y brillante.

Digamos que por fin abres el frasco. ¿Eso es suficiente para que tengas un cabello limpio y brillante? Alguien podría sugerirte que leyeras las instrucciones. Sin embargo, tener el frasco y leer las instrucciones sigue siendo insuficiente para obtener un cabello limpio y brillante. Hay que seguir esas mismas instrucciones tal y como están escritas. Si sigues solo algunas de las instrucciones y, por ejemplo, te niegas a mojar el cabello, no tendrás un cabello limpio y brillante.

No, para recibir todo el beneficio de las promesas del champú, debes comprarlo, leer las instrucciones, abrir el frasco y usarlo según las instrucciones.

Lo mismo sucede con la Biblia. No solo debes poseer la Biblia, sino que debes abrirla, leerla y hacer lo que dice. No basta con conocer las historias de la Biblia ni con leer las palabras que están escritas allí. Debes estar lista para obedecer sus palabras.

En Mateo 7, al finalizar el Sermón del Monte, Jesús dijo:

> Cualquiera, pues, que me oye estas palabras, y las hace, le compararé a un hombre prudente, que edificó su casa sobre la roca. Descendió lluvia, y vinieron ríos, y soplaron vientos, y golpearon contra aquella casa; y no cayó, porque estaba fundada sobre la roca.
> Pero cualquiera que me oye estas palabras y no las hace, le compararé a un hombre insensato, que edificó su casa sobre la arena; y descendió lluvia, y vinieron ríos, y soplaron vientos, y dieron con ímpetu contra aquella casa; y cayó, y fue grande su ruina.

Para recibir la segunda respuesta adecuada, necesitamos fe. Para tener fe, debemos recibir y obedecer la Palabra de Dios.

¿Qué es la fe?

La Biblia nos presenta la realidad de Dios. Revela su carácter, su obra, su deseo y sus mandamientos. La aplicación de la Palabra de Dios nos lleva a una relación personal con Dios y con su Hijo, Jesucristo.

Esta relación personal se construye sobre la fe, que es creer y confiar en el Dios vivo como se revela en la Biblia. A medida que leemos la Biblia y aplicamos sus verdades a las situaciones de nuestras vidas, comenzamos a reconocer la obra de Dios en nuestras circunstancias. Debido a que las páginas de la Escritura lo señalan a Él, podemos reconocerlo a Él y sus actividades.

¿Alguna vez te han preguntado si conoces a una persona en particular? Estabas segura de que no la conocías, hasta que te la señalaron. Entonces, la reconociste como alguien con quien estás familiarizada o con quien tienes contacto frecuente. Los que leen y aplican la Biblia llegan a conocer a Dios cada vez mejor, y comienzan a reconocerlo y a ver su obra maestra en sus vidas. La fe aumenta cuando vemos la persona de Dios y su obra en acción en las circunstancias que nos rodean. La fe en Dios disipa el temor y nos permite conocer la respuesta adecuada (la mejor) para la situación que tenemos entre manos.

La fe de una reina

Entre las páginas de la Biblia se encuentra la fascinante historia de una reina cuya primera reacción fue el temor. La reina Ester tenía un dilema. El principal consejero de su esposo, el rey de Persia, había ejercido su influencia para que aniquilara a todos los judíos del reino. Su esposo le había dado a este consejero, Amán, el poder para crear un decreto que planeara la aniquilación de los judíos un día específico en un momento específico.

Mientras tanto, el tío de Ester, Mardoqueo, le envió un mensaje a ella para que actuara en favor de su pueblo apareciendo en la presencia del rey. Ester le respondió que no podía hacer tal cosa sin poner en riesgo su vida. Si entraba a la sala del trono sin que la invitaran y el rey no le extendía el cetro para aceptar su presencia, la matarían.

Mardoqueo le envió otro mensaje:

> No pienses que escaparás en la casa del rey más que cualquier otro judío. Porque si callas absolutamente en este tiempo, respiro y liberación vendrá de alguna otra parte para los judíos; mas tú y la casa de tu padre pereceréis. ¿Y quién sabe si para esta hora has llegado al reino? (Ester 4:13-14)

Aunque la primera reacción de Ester fue el temor, una vez que recibió la respuesta de su tío, le dijo a Mardoqueo que convocara a los judíos para que oraran por ella durante tres días, después de eso se presentaría ante el rey. Su decisión final fue de fe: «Y si perezco, que perezca». En cuanto escuchó lo que le dijo Mardoqueo y de comprender la situación, Ester estuvo dispuesta a poner en riesgo su vida para salvar a su pueblo.

A los tres días de su comunicación con Mardoqueo, Ester se presentó en la sala del trono del rey. Mientras estaba parada en el umbral, sin saber cómo terminaría todo, el rey le extendió su cetro y le concedió su favor. Le pidió al rey que cenara con ella en su residencia y que invitara a Amán.

Durante la primera cena, Ester pidió una segunda cena. Tanto el rey como Amán accedieron. Durante la segunda cena, Ester reveló su nacionalidad y el complot de Amán en contra de los judíos. El rey se enfureció contra Amán y cuando este «había caído sobre el lecho en que estaba Ester», el rey ordenó que le dieran muerte por haber tratado de violar a la reina.

Aunque la primera respuesta de Ester fue el temor, esa respuesta se tornó en fe, la que le dio el valor para interceder en favor de su pueblo, denunciar a Amán y, junto a su tío Mardoqueo, implementar un plan que salvaría a los judíos.

Al igual que Ester, nuestra reacción inicial quizá sea el temor, pero no tiene por qué ser también la segunda reacción. Al entregar nuestra situación a Dios y buscar su poder para seguir adelante, podemos usar nuestra fe en Él para renunciar al temor y reaccionar del modo en que Él quiere que lo hagamos. La decisión es nuestra: seguir en el temor o cambiarlo por la fe.

¿Qué dice la Palabra de Dios?

1. Lee Ester 4. ¿Cuál era la preocupación de Mardoqueo?

2. ¿Cuál fue la primera reacción de Ester ante el mensaje de Mardoqueo?

3. ¿Cuál fue la decisión final de Ester? ¿En qué se diferenció de la primera?

4. ¿Cuál es, por lo general, tu primera respuesta a una situación difícil?

5. ¿Qué factores contribuyen a nuestra respuesta?

6. ¿Cómo te ves pasando de la primera respuesta a una decisión mejor?

7. ¿Cómo decidió David responder ante el temor, según el Salmo 56:3 y 4?

8. ¿Cómo puedes seguir su ejemplo?

9. ¿Cuál respuesta quieres que cambie en tu vida? ¿La has sometido a Dios y le has pedido su ayuda? Sí o no, ¿por qué?

FALSAS IDEAS SOBRE LA FE

Lisa sostenía los lentes en la mano. Tenía la visión borrosa. Apenas podía ver la silueta borrosa de la mujer que estaba parada frente a ella exigiéndole que renunciara a sus lentes.

—¿Cómo puedes pensar que te sanarás si no tienes fe? —la reprendía la mujer—. ¡Dámelos ahora mismo!

Lisa no estaba del todo dispuesta. Los lentes eran muy caros. Sabía cuál sería la reacción de sus padres. Se enojarían si los lentes se dañaban o se extraviaban. Por supuesto, si se sanaba, podrían conocer la validez de su nueva fe en Jesús. Hasta ahora, sus padres se mostraban recelosos ante su nuevo estilo de vida. Tenían preguntas sobre su iglesia y sus nuevos amigos.

—Lisa, solo necesitas creer —la voz demandante volvió a sacar a Lisa de sus pensamientos.

Lisa entrecerró los ojos para tratar de identificar los rostros de los jóvenes que la rodeaban. No podía evaluar su reacción. Apenas podía distinguir la mano abierta que esperaba por sus lentes. Poco a poco, los colocó sobre la mano extendida.

La mujer puso la otra mano sobre la cabeza de Lisa y comenzó a orar en voz muy alta por su sanidad.

—¡Oren conmigo! —les ordenó a los observadores.

Todos oraban mientras tocaban ligeramente a Lisa. Ella esperaba con todo su corazón que cuando terminara la oración y abriera los ojos, podría ver con claridad.

La mano de la mujer presionó con más fuerza la cabeza de Lisa. Lisa no sabía muy bien cómo se suponía que debía reaccionar. Solo tenía trece años y era una nueva creyente. Se resistió a la presión. La presión se intensificó y las rodillas de Lisa cedieron. Cayó de rodillas.

Alentada por la aparente sumisión de Lisa, la mujer tiró los lentes al piso y los aplastó bajo sus pies.

En su interior, Lisa gimió cuando oyó el ruido de los lentes rotos.

—¡Recibe la sanidad! —proclamó la mujer en voz alta. La ayudaron a ponerse de pie.

Abrió los ojos deseando de todo corazón haber sido sanada. Sin embargo, su visión todavía era borrosa.

—¿Cómo te sientes? —indagó la mujer.

Lisa esforzó al máximo los ojos con la esperanza de ver algún cambio en su visión.

—N-n-n-o puedo ver —tartamudeó.

—Verás —dijo en tono desdeñoso la mujer—. Tan solo sigue creyendo.

Dirigió su atención a los otros jóvenes del grupo y continuó orando por cada uno de ellos, presionando fuerte con la mano sobre las cabezas de los jóvenes y las muchachas hasta que se les doblaban las rodillas. Lisa tanteó en busca de sus lentes destrozados. Los marcos estaban deformados y el vidrio se había roto.

La única emoción que Lisa podía sentir era vergüenza. Al rato, la mujer la llevó aparte.

—Te falta fe, Lisa. Nunca recibirás la sanidad hasta que tengas fe.

Lisa regresó a casa derrotada por completo. No podía ver y ahora tenía que explicarles a sus padres por qué los lentes estaban destruidos. Se recriminaba a sí misma por su falta de fe.

Sus padres ya estaban en la cama cuando llegó a casa. Prefirió esperar hasta la mañana. Tal vez por la mañana, si creía con la suficiente fuerza, podría ver con claridad.

Sin embargo, cuando llegó la mañana, todo seguía en sombras. Durante el desayuno, su madre se dio cuenta de que no llevaba puestos los lentes. Lisa dio un profundo suspiro y explicó los sucesos de la noche anterior. Su madre estaba horrorizada. Lisa no quería que su madre se enojara con la iglesia ni con la mujer que dirigió la reunión en su casa. Los excusó a todos y cargó con toda la culpa.

Más tarde esa mañana, la vi en la escuela. «¿Qué haces con tus viejos lentes?», le pregunté.

Lisa describió los sucesos de la noche anterior y sollozando concluyó: «Creo que tengo temor de tener fe». Me miró a través de las lágrimas y me preguntó: «¿Qué es lo que está mal en mí?».

Yo tenía trece años en ese entonces, pero sabía que lo que le habían pedido a Lisa era una desviación de la fe.

Más tarde ese día, visitamos a mi padre, el pastor Chuck Smith. La ubiqué en una silla frente al escritorio de mi padre. «Cuéntame lo que sucedió», la animó él.

Lisa repitió la historia. Terminó el relato disculpándose por su falta de fe.

Papá meneó la cabeza. «No te falta fe, Lisa. Esa mujer que te exigió que le dieras los lentes carece de comprensión bíblica y de algunas otras cosas. ¡Detesto las cosas que andan dando vueltas como si fueran fe!».

Sabía que papá estaba enojado. Se le había enrojecido ligeramente la cara y tenía apretada la mandíbula. Papá amaba a mi amiga Lisa con el afecto de un pastor y de un padre. Podía ver su conmoción emocional y su vergüenza. Dio unos pasos alrededor de su escritorio y se sentó en el borde del frente para estar más cerca de la silla de Lisa. La miró con ternura y le dijo:

«Lisa, quiero que sepas que la manera en que se comportó esa mujer no es como se ejerce la fe. Lo que te sucedió anoche tiene más afinidad con la historia de Satanás cuando incitó a Jesús a que saltara del pináculo del templo para comprobar el poder de Dios para salvarlo. ¿Recuerdas lo que Jesús le dijo a Satanás? En Mateo 4:7, se nos cuenta que dijo: "No tentarás al Señor tu Dios". Cuando la gente le exige a Dios que sane y escoge el lugar en que Dios debe sanar a alguien, eso no es fe. Eso es tentar a Dios o tratar de forzar su mano. Pone a Dios como siervo del hombre en lugar de ser a la inversa. Cuando nos sometemos a la voluntad de Dios y a sus maneras de obrar, es entonces cuando ejercemos fe».

Lisa pareció reconfortada aunque todavía tenía que resolver el problema de sus lentes rotos.

Muchas personas tienen temor de la fe debido a los abusos que han oído, visto o experimentado de primera mano. Por error, les han hecho creer que estos casos fueron «verdadera fe» en acción. Nada podría estar más lejos de la verdad. Es triste que mi amiga Lisa se quedara aterrorizada durante largo tiempo después de aquel incidente y evitara mencionar cualquier cosa relacionada con la fe.

La fe es esencial

¿Por qué la gente abusa tanto de la fe y tanta gente tiene conceptos erróneos sobre la misma? Bueno, creo que la respuesta se encuentra en Hebreos 2:14 y 15, donde el escritor explica cómo el diablo mantenía prisionero al hombre a través del poder del temor, hasta que Jesús rompió ese poder al morir en la cruz del Calvario. Satanás sabe que perderá su poder cuando la fe entre en el corazón de la persona. El diablo no puede manipular, controlar, ni torcer la obra de Dios en la vida de un hombre o una mujer de fe. El poder del temor queda frustrado por la fe.

Como la fe tiene el poder de liberarnos de la garra manipuladora del temor, ¿no es lógico que Satanás quiera mantenernos alejados de la fe? Él lo intenta. Intenta corromper nuestra comprensión de la fe. Lleva a las personas a prácticas que demandan que Dios haga algo en particular en su favor de una manera específica. Hasta se esfuerza por imitar la obra de Dios de modo que la gente pueda creer que la corrupción es la obra de la verdadera fe.

La fe es una fuerza poderosa. Jesús dijo que si tenemos fe como un pequeño grano de mostaza, que es una semilla muy diminuta, podemos mover montañas. ¡Eso sí que es maravilloso! Satanás no quiere que el pueblo de Dios se mueva en esa clase de poder. Quiere impedir la obra de Dios, y por eso intenta desprestigiar nuestra fe.

La fe es el aspecto del cristianismo más denigrado, malinterpretado, usurpado y mal usado, porque Satanás ha procurado mantener a los creyentes alejados del poder de Dios que viene a través de la fe en Él. No necesitas más que encender el televisor para ver abusos de la fe. Cuando un evangelista televisivo les pide a los televidentes que manden los ahorros de toda la vida en nombre de la fe para apoyar su iniciativa financiera, eso es un abuso de fe. Casi siempre, el mismo evangelista atacará con palabras a cualquiera que esté mirando y que no esté dispuesto a soltar todas sus finanzas. Los acusa de no tener fe.

A los tres años de casados, Brian contrajo una extraña enfermedad. Durante bastante tiempo los médicos estaban perplejos ante sus síntomas y él seguía empeorando. Fue un tiempo difícil para nosotros. Yo estaba embarazada de nuestro segundo hijo y Brian se encontraba postrado en cama la mayoría de los días. Intentaba ir a trabajar, pero después colapsaba con completa debilidad. Antes de la enfermedad, había sido un activo surfista, corredor y hacía ejercicio con regularidad.

Un día, un amigo llamó para ver cómo andaba la salud de Brian. Cuando le expliqué que todavía estaba enfermo, me preguntó sin miramientos: «¿Han orado con fe?». Luego, indagó sobre la fe de Brian. Estaba seguro de que Brian no se sanaba debido a que no tenía fe o porque había pecados ocultos en su vida o en la mía. En lugar de edificarnos y de infundirnos confianza en Dios, nos condenó por una situación frente a la cual nos encontrábamos impotentes. Fue un golpe cruel en un momento difícil. Sin embargo, la fe en Dios de Brian crecía en su enfermedad. Su fe lo llevó a la conclusión de que aun en su enfermedad, Dios estaba obrando y tenía un plan. Brian estaba aprendiendo la verdad de lo que Pablo proclamó en 2 Corintios 12:9, que el poder de Dios se perfecciona en nuestra debilidad. Y esta fue la conclusión adecuada. Ahora, años después, ambos vemos la fidelidad y la mano de Dios al permitir que Brian se enfermara. Aprendimos mucho y crecimos espiritualmente juntos y de modo individual durante ese tiempo. Nos preparó para el ministerio del que pronto participaríamos.

Las personas que son víctimas de las interpretaciones viciadas de la fe terminan heridas, decepcionadas y temerosas de aventurarse a las legítimas prácticas de la fe. Al hacerlo, casi nunca experimentan el verdadero poder de Dios obrando en sus vidas. Permanecen cautivas del temor y de sus manipulaciones.

Lo que no es la fe

Algunas veces, es más fácil definir algo diciendo lo que *no* es. *La fe no es inmunidad a las pruebas.* En lugar de librarnos de las pruebas, la fe nos sostiene *a través* de ellas y permite que salgamos con gloria. En Isaías 43:2, Dios habla de momentos en los que pasamos por los ríos y por el fuego. El texto no dice *si*, sino *cuando*. Entonces, en lugar de impedirnos las pruebas de los ríos y los fuegos, la fe nos lleva victoriosos a través de ellos. Tengo una amiga querida que tiene ochenta y tantos años. Me contó que cada vez que pasa por una prueba, siempre le pide a Dios que le muestre la bendición de esa dificultad. Me dijo que

Dios nunca le ha fallado. En cada prueba que ha soportado, siempre hubo una bendición.

En el libro de Job, en el Antiguo Testamento, leemos acerca de un hombre justo que no se salvó de las pruebas. Job soportó la pérdida, la enfermedad y el rechazo de sus amigos. Si Dios permitió que Job, quien incluso en medio de su mayor agonía declaró abiertamente su fe en Dios, pasara semejantes dificultades, sabemos que la fe no significa que estemos exentos del sufrimiento. Sin embargo, al final de estas pruebas, Job recibió una doble bendición de Dios debido a que lo soportó todo.

Jesús prometió: «En el mundo tendréis aflicción; pero confiad, yo he vencido al mundo» (Juan 16:33). Mientras estemos en el mundo, tendremos aflicciones, pero la confianza en Jesús nos traerá aliento, consuelo y su bendición.

La fe no es la capacidad de creer. Algunas personas son más ingenuas que otras. Creen en todo lo que les dicen sin pedir una prueba. También estamos los que, por naturaleza, sospechamos de todo. Por fortuna, la fe no es credulidad incondicional. No es una inclinación natural a creer. La fe en la fe no sirve. En otras palabras, la idea de que si crees con suficiente fuerza, durante el tiempo necesario y con las palabras adecuadas, en el poder de la fe lo que deseas se realizará es falsa. La fe debe tener un objeto, y el objeto de nuestra fe es un Dios personal que desea estar en relación con nosotros.

La fe no es lograr que Dios haga nuestra voluntad. Muchos se dan por vencidos respecto a todo el concepto de la fe cuando sus oraciones no reciben una respuesta inmediata y de la manera en que esperaban. Un día, mientras conducía por la autopista, mi hijo Char, que en ese entonces tenía siete años, sacó la mano por la ventanilla durante un momento. Cuando la trajo de vuelta al interior del auto, me dijo:

—Mamá, tengo una mala noticia para ti.

—¿De qué se trata?

—Bueno, creo que Dios no responde la oración.

Le hice algunas preguntas para descubrir qué lo había llevado a semejante conclusión. Me explicó que había orado y le había pedido a Dios que detuviera el viento. Luego, bajó la ventanilla y sacó la mano para ver si Dios le había respondido. Sintió el viento en su mano y supo que Dios no había contestado su oración.

Le mostré la insensatez de semejante petición.

—Char, piensa un momento en el desastre que se hubiera producido si Dios hubiera detenido el viento. La contaminación que está en el aire se hubiera depositado de inmediato y nos hubiera ensuciado a todos. Los pájaros que planean en las corrientes de aire se hubieran caído en picada a la tierra. Las semillas que dependen del viento para que las envíe al lugar donde deben echar raíces hubieran caído en un terreno donde quizá no crecerían. Los granjeros que dependen del viento para la energía se hubieran quedado sin ella. Y ni qué hablar de nuestro auto que genera viento porque se mueve en contra de las moléculas. Nuestro auto, y todos los autos en la autopista, se hubieran parado en seco causando incontables accidentes.

Continué hablando sobre los peligrosos aspectos de su petición. Cerré con mi argumento final.

—Char, Dios no es un genio mágico en el cielo que nos concederá todos nuestros deseos. Dios es omnisciente, lo que significa que lo sabe todo. Sabe lo que es mejor para nosotros y lo que no. Sabe que lo que más nos conviene no es que responda todas nuestras oraciones como nosotros queremos. Entonces, por amor a nosotros y teniendo en cuenta lo mejor para todo el mundo, responde nuestras oraciones a su manera.

Ese día, Char aprendió una lección valiosa.

El inescrupuloso monarca Herodes arrestó y puso en prisión a Juan el Bautista, un profeta precursor de Jesús. Juan le había anunciado a toda Judea la inminente llegada del Mesías, Jesús, que quitaría los pecados del mundo.

Sin embargo, al cabo de unos meses de languidecer en prisión, Juan comenzó a tener sus dudas. Como se narra en Mateo 11:3, Juan envió a sus discípulos a que le preguntaran a Jesús: «¿Eres tú aquel que había de venir, o esperaremos a otro?». Es probable que a Juan le pareciera que Jesús, como Mesías, debía librarlo de la prisión. Tal vez sus dudas surgieron porque Jesús no hacía lo que él pensaba que debía suceder.

Jesús les respondió a los discípulos de Juan señalándoles lo que Él hacía. Les dijo: «Id, y haced saber a Juan las cosas que oís y veis. Los ciegos ven, los cojos andan, los leprosos son limpiados, los sordos oyen, los muertos son resucitados, y a los pobres es anunciado el evangelio; y bienaventurado es el que no halle tropiezo en mí» (Mateo 11:4-6). Jesús hacía la voluntad del Padre y cumplía la profecía de Isaías 61:1. Hacía con exactitud lo que predijeron las Escrituras que haría el Mesías. Sin embargo, no hizo lo que Juan pensaba que debía hacer.

Nunca olvidaré el domingo que mi padre casi sale de un salto hacia su oficina después de predicar. Le brillaban los ojos mientras contemplaba a mi hermosa madre sentada en una silla. De una manera poco común, papá se dirigió hacia ella y la besó. Luego, le acarició la espalda.

«Chuck, ¿qué sucede?».

Mamá sabía que sucedía algo.

Papá sonrió y con una risita relató su historia: «Cuando estaba en el preuniversitario, me enamoré perdidamente de una muchacha. Todas las noches, oraba y le pedía a Dios que me permitiera casarme con ella. Bueno, esa muchacha estuvo aquí esta mañana y me saludó al terminar el culto. Mientras le estrechaba la mano, en lo único que pude pensar fue: "Gracias, Señor, que no respondiste todas mis oraciones como quería"».

La gente que considera que la fe es un medio para controlar a Dios y utilizar su poder para lograr sus metas se desilusionará. La fe no sirve para que se cumpla nuestra voluntad. No, la fe sirve para *que se cumpla la voluntad de Dios* en nuestra vida y en la vida de los demás.

La fe no es mágica. Muchos consideran que la fe es una fórmula mágica. Algunos hasta insisten en darle ribetes místicos. En ocasiones, actúan como si la fe se pudiera comprar con cierta cantidad de dinero. Estas personas pretenden saber cómo manejar el poder de Dios para mejorar sus vidas en lo material. Quienes creen que la fe es una fórmula mágica casi siempre tienen una manera especial en que debe practicarse la fe.

Por lo general, la formula contiene una manera precisa de orar, palabras específicas para leer o recitar, o determinadas posiciones de las manos y el cuerpo. Basan la fe en lo que *hacen* en lugar de basarla en nuestro Dios personal.

Las falsas ideas acerca de la fe impiden que recibamos las recompensas de la verdadera fe. Estos falsos conceptos son muy peligrosos, porque nos alejan de la verdadera fe. Además, las imitaciones baratas llevan a la desilusión, al desaliento, a una fe menor e incluso a la pérdida de la fe.

Me parte el corazón ver a la gente que se aleja de la fe, en especial porque sé que esta puede liberarlos del temor y lograr que se produzca la mejor obra de Dios en sus vidas. La verdadera fe lleva a una relación significativa, satisfactoria y amorosa con nuestro Dios personal.

Es hora de que abandones tus temores y falsos conceptos de la fe y pongas en práctica las verdades que conoces acerca de Dios.

¿Qué dice la Palabra de Dios?

1. Lee Marcos 9:14-27. Describe la mentalidad del padre (versículos 17-18, 21-22).

2. ¿Qué le dijo Jesús al padre que hiciera (versículo 19)?

3. ¿Qué le prometió Jesús al padre (versículo 24)?

4. ¿Cuál fue la respuesta del padre?

CUANDO UNA MUJER SE LIBERA DEL TEMOR

5. ¿Qué hizo Jesús por el padre y por el muchacho?

6. ¿Cómo mostró este padre una fe genuina?

7. ¿Cómo respondió Jesús a la sincera confesión del padre?

8. ¿Cuáles son algunos de los conceptos equivocados que has tenido sobre la fe?

9. ¿Cuáles han sido algunos de los obstáculos para la fe en tu vida?

10. Compara la forma en que este padre se acercó a Jesús con algunos de los abusos de fe. ¿Qué ves?

11. ¿Qué te enseñó este capítulo respecto a la fe genuina?

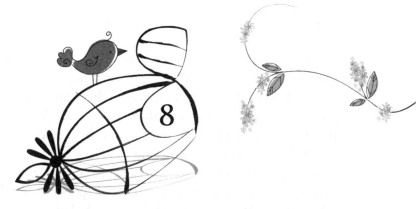

SIETE VERDADES SOBRE DIOS

Cuando vi el anillo por primera vez, no tenía nada atractivo en particular. Era grande, estaba deslucido y, en un principio, le perteneció a un hombre. Sin embargo, tenía una atracción muy grande. Le perteneció a la mujer que había sido mi inspiración espiritual, la tía Louise.

Las hendiduras del anillo tenían residuos incrustados que se habían acumulado a lo largo de ochenta y cuatro años de activo servicio cristiano. La tía Louise construyó y sostuvo un orfanato en Ecuador, construyó y dirigió el campamento para niños *Friendly Acres*, sirvió en los desiertos de Arizona entre los indios hopis y trabajó como misionera en Puerto Rico.

La tía Louise, a quienes los más cercanos llamábamos E.C., era de baja estatura y de peso generoso. Había llevado su amado anillo en el dedo pulgar. Era el único recuerdo que tenía de su padre, que murió cuando ella era una niña.

Cuando falleció E.C., mi madre recibió el anillo. Ella se lo dio a otra persona. Al cabo de un tiempo, se lo devolvieron y mamá guardó el anillo en una caja, deslucido, sucio y demasiado grande para la mayoría de la gente. Mi madre me lo dio a mí, así que se lo llevé a un joyero para que lo limpiara y achicara.

Enseguida, el joyero tomó la nueva medida del anillo y, luego, lo deslizó bajo un microscopio. Me invitó a que mirara el diamante y que marcara en el papel que me había dado las facetas y el corte. Esto me permitiría identificar el diamante después que lo limpiara, a fin de saber que era el que había llevado. Luego, el joyero fotografió el diamante como estaba y me entregó un papelito con el día y la hora en que debía pasar a retirarlo.

Cuando volví a la joyería dos semanas después con mi esposo, Brian, todos los empleados vinieron a saludarnos. Querían ver mi reacción cuando viera la pieza restaurada. Con aplomo, sacaron el anillo del terciopelo negro. Contuve la respiración. Era hermoso. El oro brillaba y el diamante resplandecía.

«¿Tiene idea de cuánto cuesta este anillo?», me preguntó el joyero.

Ni la más remota idea.

«Es un antiguo corte y vale mucho dinero. Algunos esperábamos que no viniera a buscarlo». Sonrió.

Antes de que me permitiera ponérmelo en el dedo, debían inspeccionar el diamante una vez más bajo el microscopio. Esta vez, mientras espiaba a través de la lente, pude ver cómo cada faceta irradiaba la luz y enviaba prismas de color en todas direcciones.

No podía creer que fuera el viejo anillo que usaron mal, que se manchó con el tiempo, que pasó de mano en mano, que se descuidó y que, por último, rechazaron y devolvieron. Era hermoso y era mío. Brian colocó la centellante joya en mi dedo anular y me movió la mano en una dirección y en otra para destacar los destellos y la elegancia.

Al igual que ese anillo, la fe bendice a quienes la llevan puesta, y su valor puede pasar a la siguiente generación. Sin embargo, muchas veces, la siguiente generación no ha visto la belleza de la fe porque su gloria se ha deslucido con el tiempo, desgastado por el mal uso y, algunas veces, la han descuidado, rechazado y devuelto.

Al igual que con el anillo, cuando la fe se restaura, reluce. Tal como las complejas facetas de un diamante que le dan belleza y valor a la gema, hay siete verdades fundamentales sobre Dios que le dan belleza y valor a la fe. Conocer y creer estas verdades fundamentales sobre Dios es tener fe.

¿Cuáles son estas siete exquisitas verdades que debemos creer?

- Dios existe.
- Dios es capaz.
- Dios es bueno.
- Dios obrará.
- Dios te ama.
- Los caminos de Dios son perfectos.
- El tiempo de Dios es perfecto.

Si crees y comprendes estas verdades fundamentales sobre Dios, tienes una fe genuina. Miremos con atención cada una de estas cualidades de carácter.

Dios existe

Una de las mayores glorias de la fe es la simple realidad de que Dios existe. Hebreos 11:6 afirma: «Pero sin fe es imposible agradar a Dios; porque es necesario que el que se acerca a Dios crea que le hay».

Aunque la realidad de Dios es lógica cuando miramos el vasto y complejo universo y el mundo en que vivimos, algunos no pueden captar esta verdad fundamental o se niegan a creerla. Dios existe. La Biblia nunca argumenta en favor de la existencia de Dios, porque su realidad es evidente. En la epístola a los Romanos, Pablo escribe acerca de lo clara que se demuestra la realidad de Dios: «Porque lo que de Dios se conoce les es manifiesto, pues Dios se lo manifestó. Porque las cosas invisibles de él, su eterno poder y deidad, se hacen claramente visibles desde la creación del mundo, siendo entendidas por medio de las cosas hechas, de modo que no tienen excusa» (Romanos 1:19-20).

La revelación de Dios comienza con la frase «En el principio, Dios creó». Cuando era niña, muchas veces trataba de captar con mi mente el concepto de que Dios es y siempre será. El aspecto eterno de la naturaleza de Dios me intrigaba. Recuerdo que acosaba con preguntas a mi padre y a mi madre sobre la cualidad eterna de Dios.

Un día, mientras estaba sentada frente al espejo, uno de los pasatiempos favoritos de mi infancia, descubrí que si colocaba un segundo espejo detrás de mí, podía ver incontables imágenes de mí misma. Parecía que me extendía hacia atrás y hacia delante en la eternidad. Traté de contar mis imágenes, pero me di por vencida, ya que cada una de ellas se profundizaba en otra imagen. *Esto debe suceder con Dios, pensé. Hasta donde puede mirar, allí está Él. Hasta donde puede espiar hacia delante, allí está Él.* Cuando miraba mis imágenes en el espejo, recibí la respuesta a mi curiosidad infantil.

Pablo se dirigió a los intelectuales de Grecia en el Areópago y les habló sobre el Dios del cielo y de la tierra «quien da a todos vida y aliento y todas las cosas» (Hechos 17:25). Me siento frustrada ante la gente que puede ver la complejidad de nuestros cuerpos y llegar a la conclusión de que todos los elementos se ensamblaron al azar, a través de una serie de circunstancias accidentales y a lo largo de miles de millones de años. En mi experiencia, los hechos al azar casi nunca han sido favorables ni han resultado en una intrincada complejidad y cohesión.

Que mi cuerpo contenga complejos sistemas separados que operan en armonía unos con otros me deja pasmada. Cada sistema está formado por órganos, que a su vez están formados por tejidos, que a su vez están formados por células. Cada célula es única, es una fábrica asombrosa y muy organizada que no solo se duplica a sí misma, sino que lleva a cabo funciones especializadas en gran medida.

Sin embargo, están quienes no reconocen el genio creativo en la conformación del cuerpo humano. Estas personas valoran la planificación, la inteligencia y la labor mecánica requeridas en la creación de un avión de pasajeros, pero pasan por alto el genio, la ingeniería mecánica y el extraordinario poder que creó a la humanidad. El salmista afirma: «Dice el necio en su corazón: No hay Dios» (Salmo 14:1).

¿Crees que «Dios existe»? ¿Puedes mirar la naturaleza, las estrellas y tu cuerpo, y maravillarte ante la sabiduría y el poder del Diseñador? Si respondes que sí, ya estás limpiando algunos escombros que oscurecen el hermoso diamante de la fe.

Dios es capaz

El apóstol Pablo resalta la siguiente verdad fundamental sobre Dios cuando se regocija en Efesios 3:20: «Y a Aquel que es poderoso para hacer todas las cosas mucho más abundantemente de lo que pedimos o entendemos». Dios tiene poder para obrar en toda situación. Jeremías, un profeta del Antiguo Testamento, exclamó: «¡Oh Señor Jehová! he aquí que tú hiciste el cielo y la tierra con tu gran poder, y con tu brazo extendido, ni hay nada que sea difícil para ti» (Jeremías 32:17).

Muchas veces, llegamos a la conclusión de que si algo está fuera de nuestro control o de nuestro poder para actuar, también está fuera del de Dios. Muchas de nuestras oraciones incluyen instrucciones a Dios sobre cómo responder de forma natural nuestras peticiones usando medios abiertos a nuestra disposición. Dios no necesita de nuestras instrucciones para cumplir su voluntad. ¡Él es capaz! En realidad, ¡es más que capaz! Nuestro Dios que con su voz puede formar luz de las tinieblas y crear de la nada es capaz de obrar en cada circunstancia que presente la vida.

Una noche en la iglesia, una mujer se me acercó para orar. Su motivo de oración era enorme. Oré con ella, sabiendo que no podía suplir ni uno de los recursos que necesitaba con tanta urgencia. Una vez que terminamos, me lo agradeció con cortesía. Seguí sintiendo una carga por esta mujer y su situación. Oré por ella una y otra vez. Cuando la vi una semana después, tenía un poquito de temor de hablar con ella debido a la inmensidad de su problema. Sin embargo, ella me vio y sonrió. Se dirigió hacia mí y me agradeció por haber orado con ella la semana anterior. «Dios obró en todas las cosas por las que oramos. ¡Ah! ¡Él es muy capaz!».

Dios es capaz. Él obra «mucho más abundantemente de lo que pedimos o entendemos». Su imaginación, sus recursos y su poder son ilimitados.

Dios es bueno

Esta tercera verdad fundamental es de suma importancia. Si Dios solo existiera como un ser poderoso pero no fuera bueno, la humanidad viviría con temor atroz en lugar de fe. Sin embargo, lo cierto es que nuestro Dios es bueno. El Salmo 119:68 afirma: «Bueno eres tú [Dios], y bienhechor». Dios es justo y bondadoso; estas son las características de su bondad.

Después que recibió de Dios los Diez Mandamientos, Moisés hizo una petición más: Quiso ver a Dios (Éxodo 33:18). Dios le advirtió a Moisés que nadie podía ver su rostro y vivir. Para responder de manera segura la petición de Moisés, Dios colocó al líder israelita en la hendidura de una peña y lo cubrió con su mano. Luego, pasó junto a Moisés y le declaró su nombre, que es su naturaleza: «¡Jehová! ¡Jehová! fuerte, misericordioso y piadoso; tardo para la ira, y grande en misericordia y verdad» (Éxodo 34:6).

Dios quería que Moisés conociera su naturaleza, que Él abundaba en bondad. Un imperativo de la fe es conocer la bondad de la naturaleza de Dios. No confiaríamos en alguien que no fuera bueno y la fe requiere confianza.

Hace años, Brian y yo comíamos en un restaurante mejicano con nuestros hijos. Yo tenía en brazos a nuestra hija de dos meses y, al mismo tiempo, hacía malabares con un taco. Una mujer que no conocía se acercó y se ofreció a tener a mi bebé y a llevarla a pasear.

Cuando de manera educada le dije que no, la mujer se indignó.

«¿Por qué no me deja tener en brazos a su hija?», me exigió.

No podía imaginar por qué a esta mujer que no conocía se le ocurría que yo le permitiría tener en brazos a mi preciosa hijita. Sin embargo, la irracional mujer insistía.

Le expliqué que tenía mucha práctica en comer y tener en brazos a un bebé ya que era mi tercera hija. También mencioné que no permitíamos que nadie que no conociéramos bien interactuara con nuestros hijos. La mujer se alejó enojada y rezongando. Char, mi hijo mayor, se inclinó y susurró: «¡Estoy contento de que no le hayas permitido tener en brazos a nuestra bebé! Creo que a esa mujer le falla algo». Estuve completamente de acuerdo.

No estaba dispuesta a confiarle el cuidado de mi preciosa bebita a alguien cuya naturaleza no conocía. Antes de que le permitiera a alguien tener en brazos a mi bebé, debía conocerle muy bien.

La fe es confianza. No le entregamos nuestros temores, problemas, ni bienestar a Dios hasta que estamos seguros de su bondad y cuidado. Debemos saber que *Él es bueno y que hará lo que sea bueno.*

Dios obrará

Me encontraba atravesando una prueba difícil en particular. Cada vez que oraba, la presión de la situación parecía aumentar en lugar de disiparse. Mientras oraba, un amigo de Inglaterra llamó a Brian.

Cuando atendí el teléfono, esta persona cometió el error de preguntarme cómo estaba. Le conté acerca de las intensas presiones. Tuvo la audacia de reírse mientras me recordaba: «Cheryl, ¿no sabes que muchas veces Dios crea la tensión?».

Algunas veces, cuando oramos, parece que la presión aumenta de verdad. En ocasiones, Dios permite que la circunstancia se salga por completo de nuestro control antes de hacer su obra.

La nube de Dios que guiaba a los hijos de Israel al salir de Egipto también los guió a las costas del Mar Rojo. A cada lado se elevaba una alta montaña. Al armar el campamento para pasar la noche, se enteraron de que el ejército egipcio se encontraba en camino para masacrarlos. La tensión crecía. La gente comenzó a clamar a Dios y a reprochar a Moisés. Detrás de los judíos, la nube y el «Ángel de Jehová» que los había guiado descendieron y se transformaron en una pared entre los israelitas y los egipcios.

A la mañana siguiente, Dios le dijo a Moisés que extendiera su vara sobre el Mar Rojo. Él obedeció y las aguas se dividieron, y se formó un camino seco a través del mar hasta el otro lado. La columna de nube siguió entre los dos pueblos hasta que el último israelita cruzó el mar. La nube se levantó y el ejército egipcio avanzó por el camino que Dios les creó a los israelitas. Mientras conducían sus carros por el camino en medio del mar, se les soltaron las ruedas de los carros. Dios le ordenó a Moisés que extendiera de nuevo su vara sobre el mar. Moisés obedeció y las aguas regresaron a su lugar normal y cubrieron al ejército egipcio, a sus caballos y a su armamento. ¡Esto sí que es tensión!

Dios obró en favor de Israel, su pueblo, y obrará también en nuestras vidas porque nosotros también somos su pueblo.

Marcos, en el Evangelio que escribió respecto a Jesús, relató un suceso que habla de un leproso que se acercó a Jesús. El hombre cayó a sus pies y dijo: «Si quieres, puedes limpiarme» (Marcos 1:40).

Jesús extendió su mano hacia el hombre enfermo y dijo: «Quiero, sé limpio». Al instante, el hombre quedó sano de su enfermedad.

Muchas veces, tratamos de prever la disposición de Dios para obrar en nuestro favor basándonos en nuestro mérito personal. Razonamos de la siguiente manera: *Si hoy me porto bien de verdad, Dios obrará.* Sin embargo, Dios obra porque *Él es bueno y Él ha prometido que obrará,* no porque nos hayamos «ganado» el derecho de que obre en nuestra vida por nuestro buen comportamiento o nuestras buenas obras.

El leproso no tenía nada que elogiar de sí mismo ante Jesús. Se acercó a Él buscando su disposición para obrar en su vida, y Jesús lo tocó y lo limpió.

Algunas veces, cuando oramos y le pedimos a Dios que obre, las circunstancias se intensifican, pero Dios está en acción incluso cuando aumenta la tensión. Él hace que la tensión aumente para llamar la atención sobre la gloria de lo que está a punto de hacer.

Romanos 8:28 promete que Dios obra en todas las circunstancias de quienes lo aman y que caminan en su propósito. Esta verdad fundamental acerca de la obra de Dios es un componente necesario de la fe. Debemos confiar que Dios está en acción aun cuando aumente la tensión y nos parezca que no merecemos que Él obre... o cuando no podemos verlo en acción. *Dios obrará* porque existe, es capaz y es bueno.

Dios te ama

La Biblia es la revelación del amor de Dios por ti y por mí. Incluso, muchos que no son cristianos han oído la verdad proclamada en Juan 3:16: «Porque de tal manera amó Dios al mundo, que ha dado a su Hijo unigénito, para que todo aquel que en él cree, no se pierda, mas tenga vida eterna».

El quinto aspecto básico de la fe es la absoluta verdad de que *Dios te ama*. El amor de Dios está disponible para todo el que cree en su Hijo, Jesucristo, y en la obra que Él realizó cuando murió por los pecados del mundo y resucitó. Para entrar en una relación de amor con Dios, la gente debe admitir que es pecadora (que ha hecho cosas malas), debe pedirle perdón a Dios e invitar a Jesús para que venga a sus vidas como Señor y Salvador. A esta altura, Jesús entra a vivir en nuestro corazón, nos da la vida eterna con Él y nos da la bienvenida a una relación dinámica y personal con Dios.

Cada vez que la maestra de la Escuela Dominical nos invitaba a recibir el amor de Jesús en nuestro corazón, yo levantaba la mano y pasaba adelante. Así continué hasta que entré en la primaria. Cada vez que tenía una nueva maestra de Escuela Dominical, ella le contaba encantada a mi mamá de mi reciente entrega a Jesús. Mamá les contaba con mucha amabilidad que yo hacía esto con frecuencia. Solo sonreía.

Se dio cuenta de por qué me sentía movida a pasar adelante cada vez que alguien hacía un llamado al altar. Sabía que yo quería estar segura de que Jesús me amaba. Cuando fui un poquito mayor, mamá me explicó cuánto me amaba Jesús. Me leyó Romanos 8:38-39, donde Pablo escribió: «Por lo cual estoy seguro de que ni la muerte, ni la vida, ni ángeles, ni principados, ni potestades, ni lo presente, ni lo por venir, ni lo alto, ni lo profundo, ni ninguna otra cosa creada nos podrá separar del amor de Dios, que es en Cristo Jesús Señor nuestro».

A propósito, me preguntó:

—Cheryl, ¿quieres que Jesús te ame?

—¡Sí! —respondí con pasión.

—Entonces, Él te ama. Él ama a quienes desean que los ame.

Cuando dudo del amor de Dios, y hay veces en que me siento tentada a hacerlo debido a las mentiras de Satanás, recuerdo las palabras de mamá: «Él ama a quienes desean que los ame».

Dios nos ama a cada uno de nosotros de manera individual. Él declara: «Con amor eterno te he amado; por tanto, te prolongué mi misericordia» (Jeremías 31:3). El amor de Dios no tiene ni principio ni fin. No se puede agotar. Es constante e ilimitado. Nos ama porque *Él es amor* (1 Juan 4:8) y porque desea amar a todo el que quiere que Él lo ame.

Haz un alto por un momento. Di en voz alta: «Jesús me ama». Dilo otra vez. Recuerda esta verdad cada mañana y cada noche. Esta afirmación atrevida y precisa es uno de los aspectos básicos más brillantes de la fe.

Sus caminos son perfectos

El Salmo 18:30 dice: «En cuanto a Dios, perfecto es su camino». Los caminos de Dios son siempre los mejores, y Él tiene planes específicos sobre cómo obrar en tu vida. Los versículos favoritos de mi madre se encuentran en Proverbios 3:5-6: «Fíate de Jehová de todo tu corazón, y no te apoyes en tu propia prudencia. Reconócelo en todos tus caminos, y él enderezará tus veredas». Me contó que vio por primera vez estos versículos sobre el piano de sus padres cuando era pequeña. Se quedaba mirando esta placa en la pared y trataba de discernir cada palabra. Le encantaba la palabra «reconócelo». En su mente joven, entendió que debía conocer a Dios en todo lo que hacía. Esta realidad sigue estando con ella y continuamente se esfuerza por saber lo que desea Dios para su vida.

Dios tiene maneras específicas en que quiere obrar en nosotros. Él declara: «Porque yo sé los pensamientos que tengo acerca de vosotros, dice Jehová, pensamientos de paz, y no de mal, para daros el fin que esperáis» (Jeremías 29:11). Dios elige la mejor manera de cumplir los buenos planes que tiene para con nosotros.

Muchas veces, tratamos de dirigir al Dios infinito para que obre en nuestros caminos. Olvidamos que Él ve más que nosotros, sabe más que nosotros y no está restringido a los medios naturales. Dios también afirma que sus caminos no son los mismos que los nuestros (Isaías 55:8-9). Sus caminos son más altos que los nuestros. Dios tiene buenas obras que creó con antelación para nuestras vidas. Si lo escuchamos y lo seguimos, podemos participar de su plan perfecto.

Las maneras que Dios tiene para hacernos cumplir su voluntad no siempre son las convencionales que escogeríamos nosotros. Sin embargo, cuando caminamos en obediencia a Él y hacemos lo que podemos, Él nos lleva hacia su buena y perfecta voluntad.

Cuando las cosas no salen como planeamos, esperamos u oramos, podemos apoyarnos en que Dios es bueno, está en acción y sus caminos son perfectos. Él llevará a cabo su plan perfecto en nuestras vidas si nosotros cooperamos.

Su tiempo es perfecto

El rey Salomón, que tiene gran renombre en la historia y en la Biblia por su sabiduría, confesó: «[Dios] todo lo hizo hermoso en su tiempo» (Eclesiastés 3:11). En su sabiduría, Salomón reconoció el perfecto cronograma de Dios.

Así como Dios determinó con antelación los tiempos para las estaciones, para la órbita de la tierra alrededor del sol, para la gestación de los bebés en el vientre de sus madres, así ha ordenado un tiempo específico para que se cumplan en cada una de nuestras vidas sus buenos planes.

Pablo escribió en Gálatas 4:4 que «cuando vino el cumplimiento del tiempo, Dios envió a su Hijo». Él escogió el momento perfecto para enviar a su Hijo a la humanidad.

Después que Jesús resucitó de los muertos, los discípulos le preguntaron cuándo Israel volvería a ser una nación otra vez. Él les respondió que no les tocaba a ellos «saber los tiempos o las sazones, que el Padre puso en su sola potestad» (Hechos 1:7). Dios sabe y actúa en su infinita sabiduría y su eterno conocimiento para hacer las cosas en el mejor momento.

Yo soy impaciente por naturaleza, y crecí con la idea de que la velocidad es una virtud. Cuando era niña, quedé sorprendida cuando me enteré de que el objetivo de los libros para pintar era no salirse de las líneas en vez de colorear cuantos dibujos pudiera en el período más corto de tiempo. Entonces, cuando oro, quiero resultados inmediatos. Algunas veces, no puedo darme cuenta de que cuando oro, Dios está obrando en mí a través de su demora. También obra en la situación y en la vida de cada persona implicada en dicha situación. Además, obra en medio de las circunstancias para llevar a cabo el mejor resultado de acuerdo con su plan.

Dios conoce el momento preciso en que un corazón estará más receptivo. Entonces, espera. Él sabe cuándo se abrirán las puertas apropiadas y cuándo se cerrarán, entonces se demora o se apresura. Dios sabe cuándo habrá sol y cuándo lloverá, así que escoge el día adecuado. Dios conoce lo que nosotros solo podemos suponer.

Él permitió que José fuera esclavo y prisionero en Egipto durante trece años antes de levantarlo como gobernador de la antigua civilización. Durante ese largo tiempo, Dios destruyó el orgullo de los hermanos de José, desarrolló el carácter de él y puso al adecuado faraón egipcio en su lugar.

Moisés tenía ochenta años cuando Dios lo llamó para que sacara a los hijos de Israel de Egipto. ¿No te parece un poquito anciano para comenzar una nueva carrera? Moisés pensó que estaba listo para el puesto cuando tenía cuarenta años. Sin embargo, a esa edad, detuvo de manera agresiva un altercado asesinando a un egipcio. Dios sabía que se necesitaban cuarenta años más para alistarlo en la manera de guiar a su pueblo. Dios lo retuvo trabajando con las ovejas de su suegro a fin de prepararlo para la tarea.

El profeta Samuel ungió a David para que fuera rey de Israel cuando era un joven. ¡David no llegó a esa posición hasta los treinta años! Mientras tanto, Dios lo rodeó de los hombres que se convertirían en los héroes de Israel. Le enseñó valiosas lecciones sobre la confianza en Él. Le dio canciones que David escribió para cantar en el templo. A la vez, preparaba al pueblo de Israel para que aceptara a David y a su casa como la nueva dinastía.

El tiempo de Dios es perfecto. Sus demoras son intencionales y están llenas de propósito. Esta última verdad fundamental nos sujeta en la joya de la fe. Cuando creemos que Dios existe, que es capaz, que es bueno, que obrará, que nos ama, que sus caminos son perfectos y que su tiempo es perfecto, nos arraigamos en la fe.

¿Qué dice la Palabra de Dios?

1. Lee Génesis 1:1. ¿Qué verdad fundamental supone este versículo?

2. ¿Qué evidencia ves en la naturaleza y en tu vida de la existencia de Dios?

3. Fíjate en el poder de Dios en Isaías 40:12, 21-31. Usando estos versículos, describe lo que Dios es capaz de hacer.

4. Lee el Salmo 119:68. ¿Qué aprendiste acerca de Dios y de su obra?

5. Haz una lista de cinco maneras en que puedes ver la bondad de Dios manifestada en tu vida.

6. Lee Romanos 8:28. Anota la promesa que contiene.

7. Según 1 Juan 3:1 y 4:9-10, ¿cómo te ha manifestado Dios su amor?

8. ¿Cómo te ha revelado personalmente su amor?

9. Usa Deuteronomio 32:4 y el Salmo 18:30 para escribir una breve declaración sobre los caminos de Dios.

10. Lee Eclesiastés 3:1-17. ¿Qué aprendes sobre el tiempo de Dios en este pasaje?

11. ¿Cómo puedes fortalecer tu corazón respecto a las siete verdades acerca de Dios que exploramos en este capítulo?

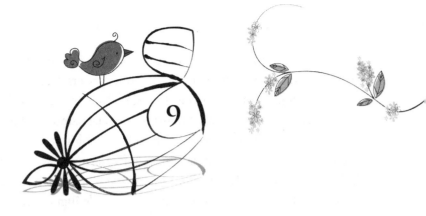

¿DÓNDE ESTÁ TU FE?

¿Conoces a alguien que dice no tener fe en nada? Tal vez la persona cree que no tiene la capacidad de tener fe. Bueno, esas afirmaciones no son ciertas. *Todos tienen la capacidad de tener fe*, y *todos ejercen fe cada día*. Para llegar al final de un día promedio es necesario confiar en una infinidad de cosas diferentes.

El problema con la fe no es si tenemos la capacidad de creer, porque todos la tenemos. Lo principal es *donde ponemos* nuestra fe.

Cuando era pequeña, a eso de las cinco de la tarde, escuchaba el conocido crujido de las bisagras de la puerta del frente. Cuando oía ese sonido, preguntaba:

—Papi, ¿eres tú?

—¿Dónde está mi bebé? —contestaba una voz especial desde la entrada.

De inmediato, respondía a la voz y corría lo más rápido posible gritando:

—¡Papi! ¡Papi! ¡Papi llegó a casa!

Cuando llegaba donde estaba mi padre, él me levantaba con sus musculosos brazos y me llevaba a su silla favorita. Allí nos sentábamos juntos mientras me cantaba una canción especial para mí. En cuanto terminaba la canción, conversábamos sobre la casa de juguete que me iba a construir. Toda mi niñez anhelé tener una casa de juguete. Mientras conversábamos, hablábamos sobre el estilo, el tamaño, la forma y el color de la casa de juguete. Una semana, quería que fuera rosa y a la semana siguiente prefería que fuera azul. Es lamentable, pero papá nunca encontró el tiempo para construirme la casa de juguete cuando era niña. Al tener esposa, cuatro hijos y un perro, tampoco tenía el dinero para construirla.

¿Perdí la fe en papá? No. Reconocí que aunque deseaba construirme la casa de juguete, no podía hacer nada más de lo que ya estaba haciendo. Sabía que papá quería hacer mucho más de lo que le permitían sus limitaciones humanas.

Aun la gente más noble con las mejores intenciones no siempre podrá cumplir sus promesas. Sin embargo, seguimos depositando nuestra fe en estos individuos y esperamos lo mejor. Confiar es algo inherente a nuestra naturaleza.

¿Dónde está tu fe?

Lucas relata un suceso interesante en la vida de Jesús. Cierto día, les dijo a sus discípulos: «Pasemos al otro lado» (Lucas 8:22). Los discípulos y Jesús subieron a la barca y se lanzaron al mar de Galilea. Durante el transcurso del corto viaje, Jesús se durmió en la popa del pequeño barco. Mientras dormía, se desencadenó una violenta tormenta.

Ahora bien, el mar de Galilea se encuentra en el valle de Hula, un desfiladero con gran vegetación que atraviesa Siria e Israel. Debido a su profundidad y forma, puede convertirse en un canal de fuertes vientos. Algunas veces, los vientos arrasan con furia el desfiladero y levantan grandes olas en el mar de Galilea.

Los discípulos eran vigorosos marineros y experimentados hombres de mar, pero esta tormenta los conmocionó. Aunque conocían la ubicación del lago y se habían ganado la vida durante años en sus aguas, esta tormenta los estremeció. Por más que lo intentaron, no pudieron hacerle frente a los fuertes vientos ni a las poderosas olas. Por más que sacaban agua del barco, volvía a llenarse con más fuerza. El fiel barquito, que quizá había viajado muchas veces por estas aguas, se inundaba enseguida y corría el riesgo de hundirse. Los discípulos agotaron todas sus energías y su conocimiento tratando de vencer la tormenta. Al final, como último recurso, despertaron a Jesús. «¡Maestro, Maestro, que perecemos!», exclamaron.

Jesús se levantó de su sueño. Parado sobre la cubierta, se dirigió al viento y a las olas. «¡Calla, enmudece!», ordenó (Marcos 3:39). De inmediato, el embravecido mar quedó en profunda calma. Cuando los discípulos miraron asombrados, Jesús les hizo una pregunta para hacerlos pensar: «¿Dónde está vuestra fe?» (Lucas 8:25).

Cuando leí esta historia hace algunos años, sentí que el Señor me hacía la misma pregunta. «Cheryl, ¿dónde está tu fe?». Estaba capeando una tormenta de otra clase, pero al igual que los discípulos, había puesto mi confianza en algo equivocado. La mayor parte de mi fe estaba en las circunstancias y en las cosas que me rodeaban.

Fe en la barca

Los discípulos tenían fe en Jesús, ¿pero en qué descansaba la mayor parte de su fe? Tal vez habían puesto bastante fe en su barca. Se demoraron en despertar a Jesús porque estaban seguros de que su barca podía soportar la tormenta. Después de todo, es muy probable que hubiera resistido otras tormentas. La usaban para acarrear grandes cantidades de pescados sin que se hundiera. Había cruzado el mar en incontables ocasiones y había visto a estos pescadores a lo largo de muchas noches en el agua.

Tal vez nunca se habían dado cuenta de cuánto confiaban en ese barquito hasta que comenzó a ceder al mar y a hundirse bajo la presión de la tormenta. De repente, la fe en el barquito desapareció. Este no podía salvarlos; ¡ellos tenían que salvar al barco!

Fe en su conocimiento

Es probable que los discípulos hayan confiado en su conocimiento del mar. Hasta puede que fuera una forma de orgullo para ellos. Después de pasar tanto tiempo en el agua, de seguro conocían los hábitos y las personalidades de las tormentas en el mar de Galilea. Conocían sus corrientes, sus remansos y refugios. Sin embargo, en esta tormenta, el mar estaba embravecido. Habían agotado su conocimiento sobre el mar tratando de maniobrar hacia la costa, pero no podían encaminarse. Perdieron la fe en su conocimiento porque no los podía conducir a la seguridad.

Fe en la costa

Para los discípulos que preferían la tierra, tal vez su fe estuviera puesta en la costa. Con ansia, tenían la esperanza de llegar lo más cerca de la tierra que les fuera posible. El mar de Galilea tiene solo trece kilómetros de ancho, así que la barca no puede haber estado muy lejos de la costa. Sin embargo, cuando las nubes de tormenta cubrieron el valle de Hula, borraron por completo la vista de la tierra. Sin la ayuda de una brújula o de la vista, los discípulos no podían navegar hacia la tierra.

Fe en la experiencia

Pedro, Andrés, Jacobo y Juan eran pescadores experimentados. Sin duda, su experiencia con el mar les había enseñado muchas lecciones. Sabían cómo reaccionar y qué hacer en muchas situaciones en el agua. Se ganaban la vida pescando en este lago. A diario, durante las primeras horas de la mañana, excepto los días de reposo, habían lanzado sus barcas sobre sus aguas. Estos robustos pescadores se habían abierto paso hacia los puntos donde sabían que era más probable que se juntaran los peces. Habían bajado las pesadas redes a la profundidad del agua y esperado hasta ver que las redes se movían. Luego, juntos habían levantado estas difíciles redes para colocarlas sobre el barco con la pesca. Habían sobrevivido a más de una tormenta en Galilea. Sin embargo, ahora, aunque intentaban todo método conocido, fallaban sus esfuerzos. Por más que hicieran maniobras, que achicaran agua del barco o que se deshicieran de la carga, no había manera de impedir que perecieran en la tormenta. Se dieron cuenta de la inutilidad de su experiencia.

Fe de los unos en los otros

¿Has oído la frase «En los números hay seguridad»? En este caso, todos los discípulos trabajando juntos no pudieron evitar el peligro de la tormenta. ¡La barca estaba a punto de hundirse!

Fe en sí mismos

Al final, deben de haber confiado en sí mismos. En numerosas ocasiones, el discípulo Pedro, en especial, había mostrado una fuerte confianza en sí mismo. Los discípulos eran hombres fuertes y robustos. Habían crecido en circunstancias difíciles. Eran hombres acostumbrados a largas noches de trabajo arduo. Subían a las montañas que rodeaban el mar de Galilea, iban y venían a pie a Jerusalén para las festividades religiosas y caminaban por entre los campos de granos cosechando su trigo. Sin embargo, a medida que la tormenta arreciaba, se les agotaban las fuerzas. Perdían la esperanza de quedar con vida.

Fe en la tormenta

Cuando la barca comenzó a zozobrar, el conocimiento del mar no los ayudó, no podían ver la costa, la experiencia fue inútil contra el mar embravecido, los mejores esfuerzos cooperativos fracasaban y se quedaban sin fuerzas. Transfirieron su confianza a la tormenta en sí. Creían que la tormenta les ganaría, que su poder era más fuerte que sus recursos. Esta reacción es típica de la mayoría de nosotros durante las pruebas. Cuando fracasan nuestros recursos, planes y soluciones inmediatos, comenzamos a confiar en las fuerzas que se nos oponen. Sin duda, David conoció esta tentación. Escribió: «No confiéis en la opresión» (Salmo 62:10, LBLA). Parece una locura confiar en algo así, pero cuando las otras esperanzas desaparecen, muchas veces comenzamos a creer más en la opresión que en la liberación.

El texto no aclara demasiado lo que motivó que los discípulos despertaran a Jesús ni lo que esperaban. ¿Querían prepararlo para el inevitable hundimiento del barco? ¿Estaban molestos con Él porque dormía serenamente en medio de semejante caos? No parece que lo despertaran con la expectativa de que pudiera librarlos, pero eso fue lo que hizo con exactitud.

Jesús se levantó y calmó al mar. Aunque todos los demás recursos fracasaron, Jesús trajo el descanso.

Todos hemos puesto mal nuestra fe en algún momento. Es fácil poner nuestras expectativas en ciertas posesiones, en el conocimiento, en un lugar en especial, en una esperanza específica, en la experiencia, en los amigos y hasta en nosotros mismos. Muchas veces, el Señor permitirá que fallen estas cosas inferiores para que pongamos nuestra mayor expectativa en Él.

No hace falta evocar la fe; solo es necesario transferirla. Debemos trasladarla de nuestra cuenta corriente a la cuenta de ahorros. Debes sacar la fe de las cosas de este mundo y ponerla en Jesús. En el mar de Galilea, en medio de la tormenta, se produjo una transacción divina. La fe de los discípulos pasó de confiar en otras cosas a confiar en Jesús. Después de la tormenta, se maravillaron ante su poder. «¿Quién es éste, que aun a los vientos y a las aguas manda, y le obedecen?» (Lucas 8:25). El resultado de poner nuestra confianza en Jesús será una revelación más profunda de su poder.

Jesús manifiesta cómo es Dios

Jesús es la manifestación visible del carácter de Dios. Cuando miramos a Jesús, vemos la habilidad, la bondad, la obra, el amor, la perfección y el tiempo oportuno de Dios. Mientras los discípulos observaban a Jesús, aprendían acerca del carácter y el poder de Dios. Se maravillaron en la calma que siguió a la tormenta y ante la autoridad de Jesús sobre las fuerzas de la naturaleza. Vieron su amor y devoción hacia ellos cuando Él, sin vacilar, se paró en la cubierta del barco y los salvó.

Cuando reconocemos las virtudes de Dios demostradas en Jesús y creemos que está vivo, que es capaz, que es bueno, que está en acción, que nos ama, que sus caminos son perfectos y que su tiempo es perfecto, nos encontramos en el proceso de transferir la mayor medida de nuestra fe a su cuenta, una cuenta de fe que nunca fallará.

Las otras cosas en las que confiamos están destinadas a fracasar en las grandes tormentas de nuestra vida. Sin embargo, Dios hizo las cosas de modo que nuestra mayor confianza descanse en Él. Jesús espera que le pidamos que intervenga, y está dispuesto a calmar las tormentas de nuestra vida.

La historia de Shaun

Brian y yo tenemos un querido amigo y compañero en el ministerio. Se llama Shaun. Creció como musulmán en Irán. Cuando era joven, estudió ingeniería en los Estados Unidos. Al terminar la universidad, se casó y comenzó un exitoso negocio en California.

Cuando su matrimonio se desmoronó, el tribunal le ordenó que vendiera la casa. Un día, mientras Shaun estaba sentado solo en la casa, vino su vecino para ver cómo estaba.

—¿Qué sucede? —le preguntó con amabilidad.

Con desánimo, Shaun le explicó las circunstancias. Su vecino se mostró preocupado. Por fin, le preguntó:

—¿Alguna vez has pensado en orar a Jesús?

Shaun estaba demasiado deprimido como para molestarse.

—Soy musulmán —respondió con poca emoción.

El vecino asintió con la cabeza y en silencio salió de la casa vacía. Shaun oyó cómo se cerraba la puerta con suavidad detrás de él.

Esa noche, la soledad en la casa era profunda. Shaun comenzó a orar, tal como lo había hecho desde la niñez. Sin embargo, algo andaba mal. Parecía algo fingido. La «razón» le habló: «Eres ingeniero. Trabajas con hechos. Sabes que estas oraciones son vacías. Sabes que esto no es real». Shaun estuvo de acuerdo.

Con suavidad, una sugerencia llamó a su conciencia. «¿Por qué no oras a Jesús? Has probado todo lo demás». Shaun dejó caer las manos con resignación y oró: «Jesús, ni siquiera sé si eres real, pero si lo eres y puedes oírme, ¿podrías ayudarme?». De inmediato, Shaun sintió una corriente limpiadora sobre él. Su conciencia despertó a toda maldad, egoísmo o cosa equivocada que hubiera hecho. Se encontró confesándole en voz alta a Jesús todos sus pecados. Al mismo tiempo, tuvo la sensación divina de ser perdonado de todos sus pecados.

Ese domingo, ante la sorpresa y el deleite de su vecino, apareció en su puerta listo para ir a la iglesia. Una vez allí, Shaun, que nunca había expresado de verdad la emoción, lloró ante todos durante la adoración. Se sintió aguijoneado y culpable ante el mensaje del pastor. Este habló sobre el matrimonio y la obligación espiritual del esposo hacia su esposa. A Shaun le pareció que el pastor conocía muy bien los detalles de su propio fracaso.

Mientras escuchaba, oró en silencio: «Señor, ¿podrías darme otra oportunidad con mi esposa y mi familia para hacer las cosas a tu manera?».

Esa tarde, su esposa lo llamó de manera inesperada. «Shaun, no sé qué hacer. El consejero dijo que debemos irnos a vivir juntos otra vez por el bien de los niños. La manera en que nos separamos la última vez no fue buena para ellos y fue en detrimento de su bienestar emocional».

Shaun estaba que saltaba de alegría. «¡Sí! Eso sería maravilloso. Gina, he cambiado. ¡Ahora soy cristiano!». Su esposa colgó el teléfono con un golpe como respuesta a la gozosa confesión de Shaun. El tono de discado finalizó la comunicación. No obstante, Shaun oró a Jesús y una gran paz inundó su alma.

A los pocos días, Gina volvió a llamar. «No hay caso. Le conté a la consejera musulmana que ahora eres cristiano y me dijo que no importa. Por el bien de los niños debemos hacer esto como es debido. Debo regresar con ellos a casa».

Juntos, negociaron los términos de la reconciliación. Gina, que todavía era una devota musulmana, seguía con la idea del divorcio. Su matrimonio la había desilusionado por completo. Después de mudarse, observaba con sospecha a Shaun. Estaba segura de que solo trataba de ganarse su afecto, que no había cambiado de verdad. No se dejaría engañar. Durante tres meses, observó y puso a prueba su nueva disposición. Al final, se le acercó. «Es cierto. Has cambiado de verdad. Quiero ir contigo a la iglesia este domingo».

Shaun llevó a Gina a la iglesia. Al igual que Shaun, Gina lloró durante el servicio. Escuchó con atención al pastor mientras hablaba sobre la necesidad de perdonar. Era justo lo que Gina necesitaba oír. Le entregó su vida a Jesús. Pronto, las hermanas de Gina, su madre, su padre, la madre de Shaun, su hermana y hermano vinieron a la fe en Jesús.

En la tormenta de la vida de Shaun, perdió la fe en todo hasta que clamó a Jesús. Él vino y le trajo paz y victoria.

Tienes la capacidad de confiar y ejercer esa confianza todos los días en un millón de maneras. Sin embargo, cuando las personas en quienes confías te fallan, y lo hacen, no pienses que has perdido la habilidad de confiar. No es así. Dios solo quiere que transfieras la mayor cantidad de la cuenta de tu fe a Él.

Cuando vengan las tormentas de la vida, que de seguro vendrán, y te fallen las cosas en las que has estado descansando, y lo harán, Jesús te estará esperando para reprender a los feroces vientos y a las embravecidas aguas en tu vida. ¿Por qué no pedirle que te ayude a transferir tus fondos de fe a la cuenta que nunca quebrará, nunca fallará y que te traerá los mejores dividendos? Pídele al Señor que te ayude a confiar en Él más que en cualquier otra cosa.

Aunque nunca tuve mi casa de juguete cuando era niña, mi padre sí encontró el tiempo para construirles una hermosa casa de juguete a mis hijas que se plegaba para convertirse en un fuerte y en un barco para mis hijos. Nunca perdí la fe en mi papá, aunque su promesa no se cumplió durante muchos años. Aprendí a poner la mayor cantidad de mi fe en mi Padre celestial y en su Hijo, Jesucristo, que no puede fallar ni lo hará.

¿Qué dice la Palabra de Dios?

1. Lee Lucas 8:22-25 y Marcos 4:35-41. ¿Qué les propuso Jesús a sus discípulos respecto al mar de Galilea?

2. Describe la tormenta que descendió sobre los discípulos.

3. ¿Qué hizo Jesús con la tormenta?

4. ¿Qué pregunta (o preguntas) de sondeo les hizo Jesús a sus discípulos?

5. ¿Cómo responderías estas preguntas concernientes a las tormentas en tu vida?

6. Describe las principales tormentas que tienes en este momento.

7. ¿Dónde has puesto tu fe?

8. ¿Qué necesitas que haga Jesús?

9. ¿Qué pasos puedes dar para poner tu fe de manera más firme en Jesús?

LO QUE PUEDE
HACER LA FE

Tenía el billete en la mano. Podía sentir que el papel se deshacía en mi puño, pero temía ponerlo en el bolsillo por miedo a que se me cayera. Este papelito era mi entrada a un mundo fantástico. Mis amigas tenían las entradas como si nada. Ya antes habían estado en el parque de diversiones y sabían con exactitud qué esperar.

No sabía muy bien a quién debía darle la entrada ni cuándo debería entregarla, pero estaba lista. Detrás de la puerta había paseos al por mayor, princesas, castillos y aventuras que solo podía imaginar.

Una a una, nos acercamos al torniquete de entrada. Observé mientras mi amiga Lisa, con sus ondulantes rizos oscuros, le entregaba el billete al empleado de la entrada. Despreocupadamente tomó su billete. Ella empujó los barrotes de metal que se abrieron para permitirle la entrada al maravilloso parque. Ahora era mi turno.

El billete que le entregué al empleado daba lástima. Estaba arrugado, con las puntas rotas y la tinta con borrones debido al sudor de mis manos. Sonrió con benevolencia al recibir mi ofrenda. Me echó una mirada y, luego, señaló los barrotes que debía empujar. Mi cuerpecito empujó con todas sus fuerzas, me eché con todas las ganas contra los barrotes y caí dentro del parque. ¡El billete funcionó! Aunque tuve mis dudas sobre su eficacia, dio resultado.

Ante mis ojos, había arbustos con formas de animales, naves espaciales que pasaban muy alto por encima de mi cabeza, autos y autobuses coloridos, calesitas, barcos, piratas, castillos y más. Me trepé a cuanto juego pude con mis amigas. No quería perderme nada de la aventura que me había permitido tener el billete.

La fe es muy parecida. Es el billete para entrar a todo lo que Dios tiene para ti. La fe en Jesús no es solo la garantía de un hogar celestial y un eterno futuro con Él, sino que también incluye promesas para hoy. La fe en Jesús es la entrada a la aventura y al llamado de Dios para ti aquí en la tierra. Te lleva al gozo de viajar por la vida con el Dios viviente.

Las actividades de la fe

Cuando leí Hebreos 11:1, quedé impactada. Ese versículo define la fe como «la certeza de lo que se espera, la convicción de lo que no se ve». ¿Qué quiere decir este pasaje? Para mí no tenía sentido. Durante años, luché para descubrir lo que es en realidad la fe. Cuando les pedí a algunos que me lo explicaran, sin dudarlo citaban Hebreos 11:1. Asentía con amabilidad y me quedaba tan perpleja como estaba antes de preguntar.

Entonces, un día, cuando estaba en un estudio bíblico sobre Hebreos 11, el maestro explicó que el escritor de Hebreos usó «palabras de comercio» para describir la fe. *¿Qué?*, pensé. Me enderecé en la silla y me incliné hacia delante.

Explicó que «certeza» y «convicción» eran cosas a las que podíamos aferrarnos. Eran la prueba de propiedad. Eran el billete para todo lo que todavía no podemos ver, pero que nos está prometido en la Palabra de Dios. De repente, comprendí. La fe era el billete que tenía para el campo invisible de la constante obra de Dios y para sus promesas.

Mientras el maestro seguía explorando Hebreos 11, recordé mi primer paseo al parque de diversiones. Pensé en todos los juegos, la diversión y la aventura que experimenté. Ahora, al estudiar el pasaje, veía toda la aventura que les había deparado la fe a quienes se habían presentado a sí mismos en fe a Dios.

La fe en Jesús es el billete a la aventura y la promesa divina. Nunca canjearemos del todo este billete hasta que lleguemos al cielo. Sin embargo, hasta entonces, podemos aferrarnos a él con fuerza y nos dará acceso a todo lo que Dios tiene para nosotros en la tierra.

Hebreos 11 es el folleto de la Tierra de la Aventura de Fe de Dios. Gran parte de Hebreos 11 se conoce como la «galería de la fe». Se nos permite dar un vistazo a los grandes héroes de la fe y a las aventuras que experimentaron al seguir a Dios. Te inspiran a seguir tu propio viaje. Al estudiar esta sección, he encontrado nueve características de la fe. Estas características de la fe traen aventura a la vida y me ayudan a contrarrestar el poder del temor. Espero que te ayuden a ti también.

La fe entiende

La primera verdad sobre la fe en Hebreos 11 está en el versículo 3: «Por la fe entendemos haber sido constituido el universo por la palabra de Dios, de modo que lo que se ve fue hecho de lo que no se veía». *La fe ve más allá de lo que es visible para nuestros ojos mortales.* La fe reconoce y comprende lo invisible.

De un modo limitado, algunas veces se nos dan vislumbres de este aspecto de la fe. Mi tía E.C. lo ilustró de una hermosa manera.

La iglesia no era más que un almacén vacío con escasa estructura para paredes. No había muchos elementos que esbozaran la estructura que llegaría a ser algún día. Mi tía de ochenta y tres años quería ver el edificio que se acababa de adquirir, así que fuimos allí: mi tía, mis padres y yo. Llamé con fuerza contra las puertas de vidrio y mi esposo, Brian, nos dejó pasar. Había estado sentado en un rincón con otros hombres en la plataforma de la capilla *Calvary Chapel Vista*. Allí se habían quedado, sobre el piso de concreto, en medio de algunas provisiones esparcidas por un lado y otro, pidiéndole a Dios que bendijera y transformara los escombros en un santuario viable para sus hijos.

La luz provisional era difusa e inadecuada para una visita. No obstante, mi tía entrecerró los ojos y espió por los pasillos. Mientras caminábamos por los pasillos oscuros, la tía se dio vuelta y, con pasión en la voz, me dijo: «¡Lo veo!». Pude ver la chispa que formaban las lágrimas refulgentes. Me tomó del brazo y le dio un apretón afectuoso. Luego, levantó la vista para mirarme a los ojos. «¡Lo veo!», proclamó de nuevo. Había emoción en su voz. Sonrió y miró la primitiva estructura que la rodeaba. «Ah, lo veo. ¡Gracias, Jesús!». Levantó las manos al cielo mientras alababa al Señor.

Miré a mi alrededor y no vi nada más que mucha necesidad de trabajo. Ella miró a su alrededor y vio una iglesia llena de gente y de niños caminando por los pasillos. Vio la promesa invisible de lo que había de venir.

Tan solo un mes después, cuando la iglesia solo estaba a medias de cuando ella la vio, recibí la noticia de que mi amada tía E.C. tuvo un ataque de apoplejía. La familia corrió a Arizona y, luego, al hospital donde estaba recibiendo atención. Cuando llegamos, estaba en coma. Sus inquietos ojos estaban cerrados. El único sonido que emitía era el de su respiración trabajosa. Lloramos a mares al encomendarla en las manos de Aquel que le permitió ver lo invisible. A los pocos días, partió al cielo.

La tía E.C. no tuvo que estar presente cuatro meses después cuando la iglesia se terminó y se consagró a Dios. Ya la había visto a través de una dimensión mayor. La vio con los ojos de la fe, y vio más que esos que la vieron terminada.

La fe entiende lo que no pueden ver otros.

La fe agrada a Dios

Hebreos 11:5 proclama: «Por la fe Enoc fue traspuesto para no ver muerte, y no fue hallado, porque lo traspuso Dios; y antes que fuese traspuesto, tuvo testimonio de haber agradado a Dios». ¿Cómo agradó Enoc a Dios? Al creer en Él y caminar con Él. Caminar con Dios requiere estar en su presencia, en sus caminos y moviéndose a su paso. Esto fue lo que hizo Enoc. Caminó con Dios. Creyó a Dios y siguió su guía.

Nada agrada más a Dios que nuestra fe en Él. La multitud que siguió a Jesús a través del mar de Galilea le preguntó: «¿Qué debemos hacer para poner en práctica las obras de Dios?» (Juan 6:28). Jesús respondió: «Esta es la obra de Dios, que creáis en el que él ha enviado». ¿Qué agrada a Dios? ¡Nuestra fe en Jesucristo, su Hijo! La esencia de la fe es tomar la Palabra de Dios al pie de la letra y creer en Él, en lo que ha hecho y en sus promesas.

Mi madre demostró este principio de una manera humana. Mamá y yo fuimos a Israel con uno de los grandes grupos que llevaba papá. Mamá, que había estado muchas veces en Israel, estaba bien familiarizada con las calles de la vieja Jerusalén. Además, tenía la ventaja de poder hablar hebreo. Mientras nos encontrábamos con el grupo, le susurré que quería comprar una Biblia cubierta de madera de olivo para una amiga. Le pregunté si tendríamos tiempo de comprar en la vieja Jerusalén. Me contestó que no lo tendríamos si nos quedábamos con el grupo. Sugirió que nos separáramos del grupo y que los volviéramos a encontrar más tarde, afuera de los muros de la ciudad. Me dijo que conocía la tienda perfecta donde podía comprar la Biblia que quería.

Me sentí un poco incrédula ante su sugerencia. Las calles de Jerusalén me parecían un laberinto. Además, Jerusalén era una guarida de personajes desagradables que querían aprovecharse de los turistas. Le expresé mis recelos y ella contestó: «Cheryl, confía en mí. Nací y crecí en Los Ángeles».

Esta fue la respuesta de mamá a todas mis reservas. Nació y creció en Los Ángeles. Nunca estuve muy segura de cuál era la garantía de seguridad que nos daba su lugar de nacimiento, pero esto mitigó mis temores y la seguí mientras dejábamos al grupo atrás.

Encontramos la tienda y compré la Biblia. Solo tuvimos unos pocos momentos oscuros como dos mujeres estadounidenses solas en las calles de Jerusalén. Al final, llegamos cerca de la puerta de Damasco, donde debíamos encontrarnos con nuestro grupo.

Cuando nos acercábamos a la puerta, oímos voces estridentes y vimos mucha gente enojada. Había algunos camarógrafos de CNN y algunos soldados de la ONU con las armas en posición de tiro.

«Mamá», susurré, «Me parece que esta no fue una buena idea». Mamá se dio vuelta y me dijo: «Cheryl, confía en mí. Nací y me crié en Los Ángeles. Nada más sígueme». Me condujo circundando la multitud hasta que llegamos detrás de los camarógrafos. Preguntó qué sucedía. En el momento en que alguien se había dado vuelta para explicarnos la situación, oímos el ruido de una bomba de gas lacrimógeno que habían lanzado.

Mamá me miró con rapidez y ordenó: «¡Corre!».

Vacilé un instante y esa pausa hizo que me empujaran contra la pared. Lo último que vi de mamá fue su chaqueta roja que desaparecía por la puerta de Damasco que se cerraba.

Miré a mi alrededor en busca de ayuda. Vi a un soldado de la ONU parado solo. Con cautela, me acerqué. «Señor, soy estadounidense y estoy de visita. Quedé separada del grupo con el que viajo. ¿Puede ayudarme?».

Con amabilidad, el soldado me guió hasta el borde de la multitud y, luego, a una pequeña cafetería que estaba sobre el gastado camino, justo a la derecha de la imponente puerta. Dos hombres se encontraban sentados, sorbiendo su café turco, al parecer ajenos al ruido que se oía precisamente allí. Mientras esperaba, otro soldado de la ONU entró con autoridad en medio de la tranquilidad del ambiente y anunció: «¡Cheryl Brodersen! ¡Cheryl Brodersen!». Levanté la vista al oír mi nombre y vi al soldado seguido de cerca por mi madre. «¡Es ella!» Mamá me señaló y le agradeció al soldado por su ayuda. Cuando se encontró conmigo, preguntó: «¿Por qué no confiaste en mí?».

¿Qué podía decir? Me había aterrorizado y vacilado lo suficiente como para quedar atrapada dentro de los confines del área frente a la puerta. ¡A partir de ese momento, me quedé un poquito más cerca de mamá!

Esta lección se ajusta también a nuestro caminar con Dios. Cuando decidimos confiar en Dios, caminaremos lo más cerca de Él que podamos. Andaremos en sus caminos y aceptaremos el paso que Él indica. Escucharemos su guía y lo seguiremos.

A nuestro Dios le agrada que confiemos en Él y caminemos con Él. ¡Nuestra fe agrada a Dios! ¿Por qué no decidirnos a confiar en Dios y a seguirle con todo nuestro corazón hoy?

La fe protege

«Por la fe Noé, cuando fue advertido por Dios acerca de cosas que aún no se veían, con temor preparó el arca en que su casa se salvase» (Hebreos 11:7). La fe oye las advertencias divinas. La Palabra de Dios nos informa cuáles son las consecuencias del pecado. Gálatas 6:7-8 dice: «No os engañéis; Dios no puede ser burlado: pues todo lo que el hombre sembrare, eso también segará. Porque el que siembra para su carne, de la carne segará corrupción; mas el que siembra para el Espíritu, del Espíritu segará vida eterna».

Algunas personas desconocen por completo el juicio inminente. Practican las actividades de más alto riesgo y nunca consideran las consecuencias de sus acciones. Una vez leí un artículo que decía que la gente a la que pescan por primera vez infringiendo la ley casi nunca delinque por hábito. Los que se convierten en criminales habituales son esos a los que pescan después de varios delitos. La primera vez que la gente comete un delito, tiende a tomar muchas precauciones. Sin embargo, cuando se sale con la suya una y otra vez, comienza a sentirse invencible. Luego de cada delito que comete, disminuye las precauciones hasta que, al final, la atrapan. Pierde la sensación de juicio inminente.

La gente que tiene fe en Dios siente su contrición. Sé que la siento cuando estoy equivocada. Detesto ese sentimiento de separación de Dios. Hubo un momento en la universidad cuando decidí seguir mi propio camino. Seguía amando a Dios, pero a la vez quería seguir mis propios deseos. Me sentía muy vulnerable a los elementos malignos. Tenía esta sensación de estar sin protección. ¿A quién podía recurrir si me metía en problemas? ¿Cómo podía esperar las misericordias de Dios en mi estado de desobediencia? Fue esta contrición la que me trajo de vuelta al trono de la gracia. Confesé mi pecado y, por fe, recibí la seguridad de que Dios, a través del sacrificio de Jesús, era fiel para perdonar mi pecado y limpiarme de toda maldad.

¿Recuerdas a Noé? Vivió en medio de una generación perversa. Por todas partes a su alrededor, el pecado estaba al rojo vivo. Él tenía esa sensación de juicio inminente. Su oído estaba en sintonía con las advertencias de Dios. Creía lo que Dios decía sobre el pecado y el juicio. Escuchó las instrucciones de Dios para construir un barco y siguió sus especificaciones exactas. A través de la fe, Noé recibió la advertencia del juicio venidero de Dios. Pudo prepararse para ese juicio debido a su fe y a través de ella. Dios le dio los recursos que necesitaba para salvar a su familia y a las generaciones sucesivas.

La fe protegió a Noé y a su familia del pecado. La fe también protegió a Noé de la inundación que destruyó al resto de la humanidad. La fe oye a Dios y construye un barco protector para aislar y salvar a quienes por la fe suben a ese barco.

La fe obedece a Dios

«Por la fe Abraham, siendo llamado, obedeció para salir al lugar que había de recibir como herencia; y salió sin saber a dónde iba» (Hebreos 11:8). La fe obedece a Dios porque confía en Él y sabe que sus caminos son perfectos.

Mi hijo menor solía tener el hábito de ponerse las manos en las caderas cada vez que alguien que no era su padre o yo le daba una orden. En tono desafiante, decía: «¡Usted no es mi padre!». No obstante, si la orden provenía de Brian o de mí, enseguida la llevaba a cabo. Confiaba en nosotros y sabía cuáles eran las consecuencias de no hacer lo que se le pedía.

El primer mandamiento de Dios a Abraham se encuentra en Génesis 12:1-3:

> Pero Jehová había dicho a Abram: Vete de tu tierra y de tu parentela, y de la casa de tu padre, a la tierra que te mostraré. Y haré de ti una nación grande, y te bendeciré, y engrandeceré tu nombre, y serás bendición. Bendeciré a los que te bendijeren, y a los que maldijeren maldeciré; y serán benditas en ti todas las familias de la tierra.

Como Abraham creyó la promesa de Dios, dejó la casa de su padre y la tierra a la que estaba acostumbrado. Ante la palabra del Señor se mudó a Israel y esperó el cumplimiento de las promesas de Dios.

Recibo muchas invitaciones y ofrecimientos en la correspondencia. No respondo a la mayoría porque no conozco quién la envía. No tengo fe en lo que prometen, porque no los conozco personalmente ni conozco sus productos. Algunas veces, no respondo porque no me interesa el ofrecimiento o no cumplo con los requisitos de quien lo envía.

Abraham estaba interesado en los ofrecimientos de Dios. Estaba dispuesto a sacrificar su comodidad y lo que le era conocido, a fin de recibir las promesas de su amoroso Dios. Por la fe, Abraham obedeció a Dios.

De igual modo, la fe es una invitación a obedecer a Dios. La obediencia a Dios entraña aventura. Al responder con obediencia a su estímulo, las sucesivas generaciones conocerían a Abraham como el «padre de la fe». De la simiente de Abraham nació el Mesías, Jesucristo.

No podemos recibir las recompensas de la fe sin decidir obedecer a Dios. Él no solo tiene el mapa de ruta para encontrar el tesoro, sino también conoce y proporciona las habilidades y los recursos que nos hacen falta para llegar hasta allí. Necesitamos su instrucción sobre dónde ir, cuándo ir y cómo ir. La fe nos mueve a obedecer las instrucciones de Dios.

La fe espera

Según Hebreos 11:10, Abraham esperó lo mejor de Dios, «porque esperaba la ciudad que tiene fundamentos, cuyo arquitecto y constructor es Dios». Casi todos nosotros tenemos una naturaleza impulsiva. Detestamos esperar. En el mercado actual, los negocios que tienen artículos que se pueden adquirir en forma inmediata son los que tienen mejores resultados financieros. Tenemos comida rápida, envíos a domicilio y correo con entregas a las veinticuatro horas.

Cuando trabajaba al por menor, tenía clientes que compraban cosas que no necesitaban en realidad, pues no querían ordenar y esperar el artículo que querían de verdad. ¿No hemos hecho esto todos nosotros? Nos conformamos con algo inferior porque no tenemos la paciencia para esperar lo mejor.

La fe espera lo mejor de Dios. Abraham estuvo dispuesto a vivir en tiendas en esta tierra, mientras aguardaba su hogar eterno. La fe *desea* la obra de Dios. La fe espera lo que tiene Dios, sabiendo que su obra y su tiempo son los mejores.

Abraham aprendió a esperar después de cometer un gran error. Esperó mucho tiempo a que se hiciera realidad la promesa de un hijo. A medida que él y su esposa Sara envejecían, el cumplimiento de la promesa de tener un hijo con su mujer parecía cada vez más descabellado. Ante la sugerencia de Sara, Abraham embarazó a la sierva de Sara llamada Agar. Ella le dio a luz un hijo y lo llamó Ismael. Este no era el hijo de la promesa de Dios, sino que era el hijo de Abraham gestado al margen de la intervención de Dios. Al ir creciendo, Ismael y su madre se convirtieron en problemas para Abraham y Sara.

Al cabo de catorce años del nacimiento de Ismael, Dios mantuvo su promesa a Abraham. En la vejez, Abraham y Sara tuvieron un hijo, un bebé milagroso al que llamaron Isaac. La fe le dio a Abraham lo mejor de Dios, aquello que solo podía dar Él.

La fe espera para ver lo que hará Dios. No está interesada en lo que puede hacer la humanidad. Está interesada en lo que puede hacer Dios. A.C. Dixon lo dijo de manera excelente: «Cuando dependemos de las organizaciones, conseguimos lo que pueden hacer las organizaciones; cuando dependemos de la educación, conseguimos lo que puede hacer la educación; cuando dependemos del hombre, conseguimos lo que puede hacer el hombre; pero cuando dependemos de la oración, obtenemos lo que puede hacer Dios».

Uno de los mayores incentivos para esperar en el Señor se encuentra en Isaías 40:31: «Los que esperan a Jehová tendrán nuevas fuerzas; levantarán alas como las águilas; correrán, y no se cansarán; caminarán, y no se fatigarán». La espera es difícil para quienes no están acostumbrados a esperar. Se necesita fe y paciencia. Además, si no creemos que vendrá algo mejor como consecuencia de esperar, resulta difícil de una forma inimaginable. Muchas veces, la espera requiere dejar algunas actividades. Puede exigir que nos quedemos en un lugar hasta que llegue o suceda lo que esperamos. Si nos movemos, podemos perderlo.

¿Has pasado tiempo en la sala de espera de un hospital? Es un lugar curioso, porque dentro de sus pequeños límites existen varias esperanzas y necesidades. Nunca me he sentido tan completamente indefensa como en una de esas salas de espera. Esperamos un diagnóstico. Esperamos instrucciones. Esperamos información. Esperamos un pronóstico. Esperamos un tratamiento. Esperamos que ayuden a alguien que amamos. Esperamos para ver si a nuestro ser querido se lo encomendaron al cuidado de una persona calificada. Nuestras actividades son limitadas. Podemos caminar. Podemos leer, pero es difícil concentrarse. Podemos orar. Podemos alimentar la esperanza. Podemos llamar por teléfono. Lo único que no podemos hacer es abandonar el lugar.

Es muy poco lo que podemos hacer por la persona que recibe el tratamiento de los médicos y las enfermeras. La fe es la sala de espera de Dios. En la sala de espera de Dios encomendamos a los que amamos a sus manos capaces y competentes. En la sala de espera de Dios nos damos cuenta de que estamos tan indefensos que le rendimos a Él todas las circunstancias de nuestra vida a la espera de su experta creatividad y ayuda. En la sala de espera de Dios esperamos a que Él haga la obra.

Entonces, mientras estamos en la sala de espera, Dios *está* en acción. Él hace lo mejor en nuestras vidas. Crea gloria de las cenizas, óleo de gozo del luto. Cose las vestiduras de alabanza a partir de los harapos del lamento. (Lee Isaías 61:3).

La fe espera, reconociendo la bondad, la capacidad, el poder y el tiempo perfecto de Dios.

La fe nos fortalece

«Por la fe también la misma Sara, siendo estéril, recibió fuerza para concebir; y dio a luz aun fuera del tiempo de la edad, porque creyó que era fiel quien lo había prometido» (Hebreos 11:11). La fe fortalece a quienes la tienen. Sara era demasiado anciana para concebir. Era demasiado anciana para pasar por el trauma de un parto. Sin embargo, le creyó a Dios. Si Él abrió su matriz, también le daría la fuerza para llevar en su vientre al niño y para dar a luz.

Abraham también experimentó la fe que fortalece cuando se ofreció a sacrificar a su amado hijo Isaac si eso era lo que quería Dios. Recibió la fuerza emocional para estar dispuesto a seguir a Dios a cualquier precio.

Hoy en día, hay muchos eslóganes que afirman que «el poder está dentro de ti». La gran moraleja en la mayoría de las películas para niños es que «puedes encontrar la fuerza dentro de ti». Con el tiempo, la gente se da cuenta de que la fuerza *no está* dentro de sí. La determinación personal siempre fracasa en algún punto, pero la fe en Jesús nunca lo hace.

La noche en que Simón Pedro negó a Jesús, Él le advirtió: «Simón, Simón, he aquí Satanás os ha pedido para zarandearos como a trigo; pero yo he rogado por ti, que tu fe no falte» (Lucas 22:31-32). Esa noche, Pedro fracasaría y Jesús lo sabía. Entonces oró, sabiendo con exactitud lo que Pedro necesitaría para soportar la noche oscura. Pedro necesitaría fe y la fe supliría la fuerza para perseverar. Jesús también le instruyó a Pedro: «Y tú, una vez vuelto, confirma a tus hermanos» (versículo 32). La fe nos fortalece para lo que tenemos por delante y, en definitiva, fortalece nuestra creencia en Jesús.

La fe bendice

La fe bendice a quien la tiene y a los demás también. En Hebreos 11:20, leemos: «Por la fe bendijo Isaac a Jacob y a Esaú respecto a cosas venideras». También leemos acerca de la bendición de la fe en Hebreos 11:21: «Por la fe Jacob, al morir, bendijo a cada uno de los hijos de José». En cierta ocasión, escuché a un presentador de un programa de entrevistas recriminar a los padres cristianos por «imponerles sus creencias religiosas a sus hijos». ¡Qué equivocado estaba! La fe en Jesucristo de mis padres es lo más preciado que me entregaron. También es la mayor herencia que puedo pasarles a mis hijos.

La riqueza material puede acabarse, y las baratijas y los recuerdos están sujetos al robo o a la pérdida. Sin embargo, la fe en Jesús durará para siempre. La fe los llevará a las aventuras más ricas de la vida, porque está basada en la amorosa fidelidad de nuestro Dios y Todopoderoso Creador.

Una vez, cuando Pedro y Juan iban al templo judío, un paralítico pedía limosnas. Pedro lo miró y le dijo: «No tengo plata ni oro, pero lo que tengo te doy; en el nombre de Jesucristo de Nazaret, levántate y anda». Entonces, Pedro tomó la mano del hombre y lo puso de pie. De inmediato, el paralítico recibió fuerza en las piernas. Enseguida siguió a Juan y a Pedro al templo caminando, saltando y alabando a Dios.

¿Te parece que ese paralítico hubiera preferido dinero? ¡Claro que no! Las pocas monedas que la gente podía ofrecerle al hombre solo podían sostenerlo durante uno o dos días. Al día siguiente, se iba a encontrar en la misma puerta, en la misma condición, mendigando monedas. Lo que Pedro le dio era muy superior: El poder sanador de Jesucristo.

La fe también bendice a las generaciones siguientes cuando las instruimos en la fe en Cristo. Hebreos 11:22 afirma: «Por la fe José, al morir, mencionó la salida de los hijos de Israel, y dio mandamiento acerca de sus huesos». Parte de las bendiciones son provisión e instrucción para la siguiente generación. José era un hombre de fe. Durante trece años, mantuvo su fe en Dios durante tiempos de traición, esclavitud, difamación, injusticia, prisión... e incluso en tiempos de liberación, de avance y de ascensos.

Bajo las órdenes de José, su padre, Jacob, mudó a toda su familia a Egipto para que se sostuviera durante la época de hambre. José creyó la palabra que Dios le dio a su tatarabuelo Abraham: «Ten por cierto que tu descendencia morará en tierra ajena, y será esclava allí, y será oprimida cuatrocientos años. Mas también a la nación a la cual servirán, juzgaré yo; y después de esto saldrán con gran riqueza» (Génesis 15:13-14).

Como José creyó en la veracidad de la palabra de Dios, tuvo la seguridad de que sus descendientes regresarían a la tierra de Canaán. Por lo tanto, les ordenó que llevaran con ellos sus huesos.

La fe también bendice al preservar la próxima generación. Cuatrocientos años después de la muerte de José, un nuevo faraón ascendió al poder. Este líder egipcio no conocía el testimonio de José. Fue hostil hacia los judíos y ordenó la muerte de todos los bebés varones. Por la fe, los padres de Moisés desafiaron los edictos de Faraón. En Hebreos 11:23, leemos: «Por la fe Moisés, cuando nació, fue escondido por sus padres por tres meses, porque le vieron niño hermoso, y no temieron el decreto del rey».

La fe considera a la próxima generación. Quiere protegerlos contra los malvados intentos de la sociedad, de la maldad y de la destrucción.

La fe es la herencia que bendecirá a las generaciones por venir.

La fe toma decisiones a la luz del Eterno

Por la fe, Moisés tomó decisiones que resultaron en dividendos eternos. Hebreos 11:24-29 enumera algunas de estas sabias decisiones:

> Por la fe Moisés, hecho ya grande, rehusó llamarse hijo de la hija de Faraón, escogiendo antes ser maltratado con el pueblo de Dios, que gozar de los deleites temporales del pecado, teniendo por mayores riquezas el vituperio de Cristo que los tesoros de los egipcios; porque tenía puesta la mirada en el galardón. Por la fe dejó a Egipto, no temiendo la ira del rey; porque se sostuvo como viendo al Invisible. Por la fe celebró la pascua.

A Moisés se le presentaron grandes oportunidades. Se le ofreció un lugar entre la realeza de Egipto. Hubiera podido vivir una vida de clase alta entre la nobleza de Egipto. En cambio, decidió identificarse con los hijos de Israel. Escogió el linaje del Mesías, el Prometido, en lugar del linaje del faraón.

Moisés no escogió lo que le ofrecía el mayor progreso, la mayor autoridad, ni el mayor poder en ese momento. En cambio, basó sus decisiones en las promesas de Dios. Escogió lo que no podía ver por encima de lo que tenía a la mano. Escogió lo intangible por encima de lo tangible. Moisés escogió la aflicción por encima de los placeres pasajeros de la corte pagana del faraón. Escogió identificarse con los esclavos judíos en vez de elegir la opulencia de Egipto. Escogió una aventura con Dios en vez de la seguridad de una vida como príncipe. Decidió celebrar la fiesta de la Pascua según la instituyó Dios en lugar de las celebraciones de Egipto.

Moisés tomó sus decisiones a la luz de la eternidad y según la conveniencia temporal. Pablo, el apóstol, amplió esta perspectiva en 2 Corintios 4:18, cuando escribió: «No mirando nosotros las cosas que se ven, sino las que no se ven; pues las cosas que se ven son temporales, pero las que no se ven son eternas».

Las elecciones son muy importantes. Una simple elección puede determinar muchas cosas y una mala elección puede tener temibles ramificaciones. Un día, estaba molesta con Brian que estaba irascible conmigo. Me fui a la planta alta para quejarme con el Señor por mi esposo. Mientras oraba, el Señor me mostró en el corazón que Brian se sentía agobiado por una decisión que debía tomar. La elección tenía que ver con nuestra iglesia. Habíamos superado la capacidad del edificio que teníamos y estaba lleno hasta los topes. Brian predicaba en tres reuniones atestadas de gente los domingos por la mañana. Habíamos comprado dos grandes autobuses escolares para albergar al creciente ministerio con los niños. Los autobuses estaban estacionados en el patio de juegos para cumplir la función de aulas para la Escuela Dominical de los niños. Estábamos abarrotados. Necesitábamos con urgencia un edificio mayor y teníamos varias opciones.

Mientras oraba, el Señor me reveló el dilema de Brian. No estaba seguro de la elección adecuada y la iglesia esperaba su decisión. No podíamos continuar como estábamos, pero él no sabía qué elegir. Bajé las escaleras. La silla de Brian miraba hacia la ventana y me daba la espalda. «Brian, el Señor me dijo que estás preocupado porque temes tomar una mala decisión respecto a la iglesia».

Brian giró la silla. Tenía la cara desfigurada. «Así es. No quiero endeudar a la iglesia. No quiero comprometerla con un proyecto que no podamos terminar. Son preciosas ovejas de Dios y me siento muy responsable por ellas».

Me disculpé. No había visto la seria carga sobre los hombros de Brian ocasionada por la elección que tenía por delante. Juntos, oramos por la voluntad de Dios. Entonces, Él le mostró a Brian el edificio adecuado y, por la fe, pudo hacer la elección perfecta.

La fe no mide las decisiones basándose en lo que es más ventajoso en el momento. La fe no basa sus decisiones en lo que es más conveniente. No, la fe tiene en cuenta las promesas eternas, los principios y los propósitos de Dios. La fe siempre toma la decisión adecuada.

La fe gana la victoria

La fe siempre es victoriosa, sin importar cuál sea el problema, la batalla, el obstáculo o la fortaleza. Las victorias que gana la fe se resaltan en Hebreos 11. Por ejemplo, los hijos de Israel tenían un grave problema. Estaban atrapados. El ejército egipcio los perseguía. De ambos lados había altos acantilados y frente a ellos estaba el Mar Rojo. Sin embargo, en Hebreos 11:29

leemos: «Por la fe pasaron el Mar Rojo como por tierra seca; e intentando los egipcios hacer lo mismo, fueron ahogados». La liberación de los israelitas vino a través del mar. Dios se los dividió en dos y por aquel camino escaparon de la muerte segura. A los enemigos no les sucedió lo mismo. Lo que para Israel fue la salvación, para el ejército egipcio fue la destrucción.

La Biblia usa la palabra «prueba» para hablar de los tiempos difíciles en la vida. Las pruebas son las circunstancias difíciles que muchas veces nos golpean de manera inesperada. Incluyen catástrofes financieras, circunstancias traumáticas, intromisiones y dificultades. La Biblia nos enseña que la fe convierte las pruebas en conductos de liberación y promesa para quienes creen en Dios, mientras que para los que no creen, las pruebas los debilitan o destruyen. Muchos están impedidos de manera emocional y hasta mental debido a las pruebas que han atravesado. A través de los años, he conocido a muchos que se han vuelto al alcohol y a las drogas para escapar del tormento de algunas pruebas que han atravesado. Las pruebas los han torcido y casi destruido.

Las pruebas sin la fe son destructivas. Pienso que debería haber un eslogan que dijera: «Pruebas: ¡No intente pasarlas sin fe!». (Es lamentable, pero para los egipcios este eslogan no estaba impreso en la parte de atrás de sus carros).

La fe gana al derribar los muros que tratan de separarnos de la victoria. Hebreos 11:30 afirma: «Por la fe cayeron los muros de Jericó después de rodearlos siete días». Los muros son grandes obstáculos. Además, existe toda clase de barreras. Hay muros físicos, como los de la ciudad fortificada de Jericó. Hay muros emocionales que la gente levanta en su corazón. Hay muros invisibles de oportunidades que se cierran y hay muros que levanta la burocracia.

Los hijos de Israel estaban listos para poseer la herencia que Dios les había prometido. Sin embargo, había un solo obstáculo: la fortaleza de Jericó. Parecía impenetrable. Los muros eran enormes. La ciudad estaba resguardada. Si no conquistaban la ciudad, los saqueadores de Jericó caerían sobre los israelitas cuando quisieran entrar a la tierra que Dios les había prometido. Tenían que tomar Jericó aunque pareciera invulnerable.

Cuando Josué, el líder de Israel, caminaba un día examinando la tierra, se encontró con un hombre con la espada desenvainada. De inmediato, Josué preguntó: «¿Eres de los nuestros, o de nuestros enemigos?». El hombre respondió: «No; mas como Príncipe del ejército de Jehová he venido ahora» (Josué 5:13-14).

Ese día, el Señor le dio a Josué directivas para derribar los muros de Jericó. Le dijo que hiciera marchar a todos los hombres de guerra alrededor de la ciudad de Jericó durante siete días, acompañados por los sacerdotes que portarían el arca del pacto. Durante seis de esos días, los israelitas tendrían que caminar solo una vez alrededor de la ciudad en silencio. Sin embargo, al séptimo día, debían marchar siete veces alrededor de la ciudad y terminar su marcha con el sonido de las trompetas y un fuerte grito.

El ejército de Israel obedeció las instrucciones. El día final de la marcha, según las órdenes, marcharon siete veces alrededor y, después que sonaron las trompetas, Josué le dijo al pueblo: «Gritad, porque Jehová os ha entregado la ciudad» (Josué 6:16). Cuando el pueblo gritó, los muros cayeron por completo. Dios sabe cómo hacer caer *todo* muro. Por lo general, cuando vemos un muro, vemos lo imposible. No es así con Dios. La Biblia dice: «Ninguna cosa será imposible para Dios» (Lucas 1:37, LBLA). Dios sabe cómo hacer caer cualquier muro en nuestras vidas. Hebreos 11:32 menciona a más gente de fe que ganó la victoria a través de increíbles proezas. Se nos dice que mediante la fe conquistaron reinos. Aunque los hombres y

CUANDO UNA MUJER SE LIBERA DEL TEMOR

las mujeres de quienes leemos en la Biblia conquistaron reinos físicos por la fe, también podemos conquistar los reinos invisibles de la oscuridad por la fe.

Jesús y sus discípulos estaban reunidos alrededor de un joven y su padre. El padre lo miró a Jesús de manera suplicante y le describió la tortura que padecía su hijo debido a un demonio que lo atormentaba desde hacía largo tiempo. El padre le había llevado el hijo a los discípulos de Jesús, pero ellos no habían podido echar fuera al demonio. El padre le imploró a Jesús: «Si puedes hacer algo, ten misericordia de nosotros, y ayúdanos».

Jesús le contestó: «Si puedes creer, al que cree todo le es posible». Al oír la condición necesaria de creer, el padre exclamó: «Creo; ayuda mi incredulidad».

Jesús respondió la oración del hombre. Se dirigió al espíritu que poseía al atormentado muchacho y lo echó fuera. El espíritu quedó conquistado y se rompió el poder de las tinieblas en el joven (Marcos 9:17-27).

Jesús dijo: «Ninguno puede entrar en la casa de un hombre fuerte y saquear sus bienes, si antes no le ata, y entonces podrá saquear su casa» (Marcos 3:27). La fe ata al hombre fuerte que está al frente de la casa, porque pone en acción el poder de Dios. Al igual que los desventurados discípulos, *nosotros* no tenemos poder contra las fuerzas de Satanás, pero *la fe acude a Jesús* para que haga lo imposible.

¡La fe es victoriosa! Además, según Hebreos 11, alcanza grandes cosas.

- La fe hace justicia.
- La fe recibe las promesas.
- La fe tapa las bocas de los leones.
- La fe apaga los fuegos impetuosos.
- La fe evita el filo de la espada.

- La fe saca fuerzas de la debilidad.
- La fe derrota a los enemigos.
- La fe levanta aun de entre los muertos.
- La fe soporta las atrocidades.

A lo largo de Hebreos 11, hemos visto la gran actividad de la fe. Así como la fe obró en las vidas de los hombres y las mujeres mencionados en este capítulo, Dios quiere obrar por la fe en nuestras vidas. ¡Usa hoy el billete de la fe y experimenta la manera en que Él obrará en tu vida!

¿Qué dice la Palabra de Dios?

1. Lee Hebreos 11. ¿Cuál actividad de la fe te resulta más sobresaliente? ¿Por qué?

2. ¿Con cuál de las personas que se mencionan en Hebreos 11 te sientes más identificada? ¿Por qué?

3. ¿Existen temores que te están impidiendo entrar en la aventura de la fe? ¿Cuáles son? ¿De qué manera obran en tu contra?

4. ¿Cómo ves a la gente mencionada en Hebreos 11 que se sobrepuso a sus temores?

5. ¿Cómo avanzarías hoy en la fe?

6. Basándote en Hebreos 11, describe el poder de la fe.

7. ¿Cómo quieres que te conozcan «por la fe» en los registros del cielo?

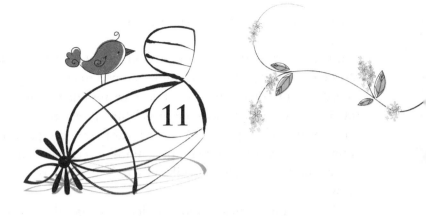

MUJERES DE GRAN FE

Sentía cómo la presión se acumulaba en mí al estar parada frente a una sala llena de mujeres con expresiones frías y escépticas. La tarea de inspirar a este grupo en Hungría era mucho más desalentadora, porque veinticuatro horas antes estuve parada en ese mismo lugar y fracasé de mala manera en llegar a las mujeres a un nivel personal. Todo esfuerzo que hice para conectarme con ellas fracasó por completo. Hasta mi traductora se mostraba distanciada e insegura. Después de interpretar un punto serio en particular, la audiencia se rió. Sabía que algo andaba mal.

«¿Qué dijo?», le pregunté a la traductora.

Con un tono de superioridad en la voz, respondió: «Precedí su declaración diciendo: "Ella se sentía así"».

¡Huy! Sentí que se intensificaba el abismo entre culturas, países y lenguajes. Era el segundo día. No me puse maquillaje. Llevaba puesta la misma ropa que el día anterior, que incluía un suéter que le pedí prestado a mi hijo de doce años.

Nos dijeron que lleváramos ropa para clima cálido, así que cargué nuestras maletas con trajes de baño, camisetas de mangas cortas y pantalones cortos. Fue lamentable, pero entró un frente frío en Hungría justo para recibirnos con lluvia y temperaturas de cuatro grados. Cuando llegamos a nuestro *bungalow* sin calefacción, no pudimos calentar nuestros cuerpos ni nuestra situación. Además, aunque la palabra *«bungalow»* supone un ambiente cálido y acogedor, este lugar fue un campamento comunista de adoctrinamiento para niños. Las camas eran más cortas que las normales y estábamos rodeados por paredes y pisos de concreto.

El baño que compartíamos con los ocupantes de otras tres habitaciones se encontraba al final de un largo pasillo decorado con telas de arañas. Al estar en el baño, me alegraba de que la luz fuera tenue porque oscurecía la visión de pequeñas criaturas escurridizas que eran inquilinos perpetuos. Al no poder maquillarme en el espacio oscuro y húmedo, había renunciado por completo a la idea. Mi ropa primaveral parecía absurdamente alegre, y ni qué hablar de lo ligera para este clima inhóspito, así que decidí usar la ropa que me proporcionaba más calor.

Al enfrentar a las mujeres en ese segundo día, me aferré con nerviosismo al dobladillo del suéter de mi hijo, respiré hondo y tuve la esperanza de atravesar las miradas inexpresivas de las mujeres para llegar a sus corazones.

«Quizá piensen que soy diferente a ustedes, pero no lo soy», dije. Luego, le hice una seña con la cabeza a mi traductora para que continuara. Hizo una pausa y me miró de arriba abajo. Entonces, les repitió la corta oración a las mujeres. Se les agrandaron los ojos.

«En esencia, todas las mujeres somos iguales», continué. De nuevo, le hice la seña a la traductora. Al escuchar mi mensaje, algunas mujeres cruzaron los brazos y otras se reclinaron contra sus asientos.

«Aunque ustedes han vivido bajo el comunismo y la opresión, no son diferentes a mí en sus corazones. Como mujeres, todas tenemos un antepasado en común. Yo soy su prima lejana. Verán, mi tátara-tátara-tátara-tátara «unas cien veces tátara» abuela fue Eva. También lo fue de ustedes. Ella nos transmitió ciertos rasgos genéticos a todas nosotras».

Seguí hablando un poquito más de nuestra «perfecta» abuela en común cuando estaba en el huerto del Edén. Expliqué cómo ella, al igual que todas las mujeres que vinieron después, se sentía atraída por la belleza. Vio que el fruto era agradable a los ojos. También era vulnerable a la tentación, como lo somos la mayoría de las mujeres. Riendo, añadí que mi teoría personal era que el fruto prohibido en el huerto no era una manzana, sino el fruto de los granos de cacao, lo que explica la atracción que las mujeres sienten por el chocolate y su incapacidad para resistirla.

Sentí que la habitación entraba en calor mientras hablaba. En toda la sala se dibujaron sonrisas en las caras. A medida que seguía adelante, el abismo se cerraba y todas éramos una. Éramos mujeres.

Muchas veces, como sucedió con esta audiencia, se produce un aparente abismo entre las que *leen acerca de las mujeres de fe* y *las verdaderas mujeres de fe*. Sin embargo, esto no debería ser así. No existe tal abismo. Las mujeres de fe de la Biblia, tal como nosotras, tenían un antepasado en común y, por lo tanto, un código genético similar.

Las mujeres de fe no están predispuestas genéticamente a una fe superior. Llegan a la fe como todas las mujeres deben hacerlo: mediante la implantación de un semillero de fe. La diferencia es que las mujeres de fe alimentan ese semillero con oración, con la Palabra de Dios, con la obediencia a Dios y la decisión de seguirlo.

Cuando miramos a nuestro alrededor, podemos ver ejemplos contemporáneos de mujeres fieles que viven para Jesús. Hay muchísimos ejemplos que me encantaría contar, pero debido a cuestiones de espacio, solo podré enumerar unas pocas. Deseo que estas mujeres te inspiren a notar y honrar a otras que son ejemplos de fe personales para ti y que te alienten a comprometerte con Dios en cualquier aspecto de tu vida.

Débora

En el libro de Jueces nos encontramos con Débora. Era una madre y una esposa en Israel. También era jueza y profetiza. Se sentaba debajo de una palmera entre los pueblos de Ramán y Betel y el pueblo de Israel venía a verla a fin de resolver conflictos y para escuchar la palabra del Señor respecto a sus circunstancias.

Un día, Débora mandó buscar a Barac, el comandante del incipiente ejército de Israel. Tenía una palabra para él de parte del Señor.

> ¿No te ha mandado Jehová Dios de Israel, diciendo: Ve, junta a tu gente en el monte de Tabor, y toma contigo diez mil hombres de la tribu de Neftalí y de la tribu de Zabulón; y yo atraeré hacia ti al arroyo de Cisón a Sísara, capitán del ejército de Jabín, con sus carros y su ejército, y lo entregaré en tus manos? (Jueces 4:6-7)

Al oír esto, Barac sintió temor. Hacía más de veinte años que los ejércitos de Jabín, bien equipados, oprimían a Israel. El humilde y desorganizado ejército de hombres de Israel solo tenía armas improvisadas.

Barac respondió con una propuesta: Solo conduciría a los hombres a la batalla contra el ejército de Jabón si Débora los acompañaba. Ella accedió. Creía en la palabra que le dijo Dios.

Barac reunió a los hombres de Neftalí y de Zabulón, y Débora marchó con las fuerzas de Israel al pie del monte de Tabor. Los carros de Jabín aguardaban y, al avanzar, el arroyo de Cisón se desbordó de repente y llenó todo el valle. Los carros quedaron atascados en el barro. Las fuerzas de Israel cayeron sobre sus opresores y los destruyeron. Después de la gran victoria, Débora y Barac escribieron una canción para recordar la victoria que les trajo Dios y para que el pueblo de Israel recordara el poder de Dios a fin de que honrara su palabra.

El rasgo más sobresaliente de la vida de Débora no fue su liderazgo, sino su fe. Era una mujer que declaraba la palabra de Dios y la creía. No era una súper heroína. Era una esposa y una madre. Aunque servía como jueza en Israel, sus poderes para discernir y tomar las decisiones adecuadas tenían que ver con el don que tenía para escuchar la palabra de Dios y transmitirla. Además, estuvo lista para poner en práctica lo que creía, cuando Barac la desafió a que lo acompañara a la batalla.

La Palabra de Dios está a tu disposición. Al igual que Débora, puedes hablar la Palabra de Dios y dársela a otros.

Josaba

Es probable que nunca hayas oído hablar acerca de la princesa Josaba. Se menciona brevemente en 2 Reyes y 2 Crónicas. Al igual que sus hermanos, era descendiente del rey David. Su padre, Joram, era un rey malévolo. En cuanto subió al trono, ejecutó a todos sus hermanos que servían como nobles y jueces en todo Judá. Se casó con una mujer malvada, Atalía, que era la hija del rey de Israel y de su esposa Jezabel.

Al cabo de tan solo ocho años de reinado, Joram murió y su hijo, Ocozías, hermano de Josaba, se convirtió en rey (2 Reyes 8). Sin embargo, solo reinó un año antes de que lo encontrara la muerte. Cuando Atalía se enteró de la muerte de su hijo, lanzó una oleada asesina sobre todo el palacio de Judá. Asesinó a todo varón heredero del reino de Judá que pudo encontrar (2 Reyes 11).

En medio del caos, Josaba tomó enseguida a su sobrino de un año, Joás, y lo escondió de la abuela. Con gran riesgo, lo llevó al templo para criarlo en secreto. Después de seis años del tirano gobierno de Atalía, el esposo de Josaba, que era el sacerdote del templo, reunió a los líderes de Judá. Les presentó a los nobles al niño de siete años con sangre real. Derrocaron el reino de Atalía y al joven príncipe lo coronaron rey (2 Reyes 11; 2 Crónicas 22).

Josaba preservó la monarquía de David al esconder al joven príncipe. Se elevó por encima de la perversa manera en que la criaron y actuó como era debido. No sucumbió ante la ambición de su madre ni de su padre. Hizo lo adecuado a riesgo de su propia seguridad.

Muchas veces, las mujeres piensan que están descalificadas para convertirse en mujeres de fe debido a su crianza y herencia. No es así. Cualquier mujer que ama a Jesús, que pone en primer lugar la voluntad de Dios y actúa según esa voluntad es una mujer de fe.

Hulda

El templo en Judá había caído en la ruina alrededor de unos cuatrocientos años después de su construcción. Descuidado, ultrajado y abandonado durante algún tiempo, necesitaba con urgencia una reparación. El rey Josías, el último monarca recto de Judá, les ordenó a los hijos de Leví que restauraran el templo. Cuando los hombres comenzaron el proceso de renovación, encontraron el Libro de la Ley. El escriba Safán le trajo el libro al rey y se lo leyó. Cuando Josías oyó la Palabra de Dios, se rasgó las vestiduras y se lamentó con sinceridad. Se dio cuenta de que todo Judá estaba en peligro porque habían desobedecido a Dios. Josías envió a sus nobles a Jerusalén para encontrar alguien que preguntara al Señor por él.

Los nobles buscaron a una mujer llamada Hulda. Era esposa y profetisa. Estaba lista con la palabra que Dios tenía para el rey y los nobles. «Así dice el Señor, Dios de Israel: "Decid al hombre que os ha enviado a mí [...]"» (2 Reyes 22:15, LBLA). Hulda habló como es debido respecto a lo que Dios le haría a Judá debido a su rebelión contra Él.

Cuando Josías recibió la palabra de Dios a través de Hulda, convocó en asamblea a todo Judá. Se puso de pie delante de todo el pueblo y leyó el libro de la Ley. Luego, se comprometió en público a seguir a Dios con todo su corazón. La gente lo apoyó y comenzó un gran avivamiento en Judá.

Hulda vivía en la segunda parte de Jerusalén y es probable que el rey o la población en general no la conocieran hasta que la fueron a buscar para traer comprensión a la Palabra del Señor. Estaba lista. Al hablar la palabra de Dios con claridad, llevó al rey a un compromiso con Dios.

Una mujer de fe estudia la Palabra de Dios cada día. Está lista para darle la palabra de Dios a todos los que le pregunten qué es lo que quiere el Señor. En su mayoría, las personas no tienen mucho renombre ni la población en general las reconoce hasta que llega un momento en que las llaman a actuar o hablar. Hulda estaba lista para ese momento, porque conocía al Señor y su Palabra.

La abuela Brand

Tal vez hayas oído hablar de Paul Brand, médico y apologista de la fe cristiana. Su libro *Temerosa y maravillosamente diseñado* se considera un clásico cristiano. Sin duda, su madre, Evelyn Harris Brand, fue una influencia piadosa sobre su vida. Evelyn Harris, considerada muy hermosa, creció en un hogar elegante en Londres a finales del siglo XIX. Ella y sus diez hermanos crecieron en un hogar cristiano. A los once años, Evelyn le entregó su vida a Cristo. A medida que crecía, aumentaba su pasión por el campo misionero.

Un domingo, un joven y apuesto misionero llamado Jesse Brand habló en la iglesia bautista donde asistía Evelyn acerca de su trabajo en la India, entre los pueblos de la montaña inmersos en la pobreza del hinduismo. Más tarde, lo invitaron al hogar de los Harris a tomar el té. Cuando habló sobre sus historias y su pasión por la gente de la India, Evelyn quedó cautivada. Convenció a su familia para que le permitiera prepararse para el servicio misionero. En 1912 navegó hacia la India.

Una vez allí, Evelyn se encontró de nuevo con el dinámico misionero Jesse Brand. Pronto se desarrolló una relación entre los dos y se casaron en la India en 1913. Juntos, sirvieron entre la gente de la montaña al sur de India. Luego de viajar a caballo o a pie hasta los remotos pueblos, Jesse y Evelyn levantaban clínicas improvisadas para atender las necesidades físicas de las personas. Mientras los trataban, les hablaban del evangelio de Jesucristo. Durante dieciséis años, compartieron el ministerio. También tuvieron dos hijos. En julio de 1929, Jesse contrajo malaria y murió.

En un principio, Evelyn regresó a Inglaterra, pero en menos de un año se sintió llamada a regresar a la India para reestablecer las clínicas médicas y ministrar a la gente de los pueblos. Su fidelidad nunca desfalleció. Cuando la fractura de una cadera la imposibilitó, algunos de los hombres convertidos la llevaban sobre una hamaca sostenida por cuerdas a las clínicas montaña arriba. Esta increíble mujer, conocida cariñosamente como «la abuela Brand», predicó del evangelio a los indios hasta su muerte en 1974, a los noventa y cinco años de edad.

La abuela Brand estaba decidida a responder al llamado de Dios incluso frente a la gran adversidad y la pena. Criada en la abundancia, no estaba preparada para las dificultades y los sacrificios de la vida misionera en India, pero Dios le dio los medios, la fuerza y las habilidades que necesitaba. Solo dijo que sí a su llamado y Dios hizo el resto.

Algunas veces, el llamado de Dios puede parecer atemorizador. Queremos responder a su llamado según la preparación que tenemos, pero solo tendremos éxito cuando le pidamos a Dios que nos equipe y confiemos en que Él nos proporcionará todo lo que necesitamos. Como dijo el apóstol Pablo: «A los que llamó, a éstos también justificó» (Romanos 8:30). Dios suple todo lo que necesitamos para que le respondamos sí a sus demandas.

Isabella Lilias Trotter

Lilias «Lily» Trotter, al igual que Evelyn Brand, nació en una familia prominente en Londres, el 14 de julio de 1853. Desde temprano mostró un increíble talento como artista. En un viaje a Venecia en 1876, conoció al famoso artista inglés John Ruskin. Este se interesó de inmediato en el talento en ciernes de la joven. Alentó y ayudó a perfeccionar los talentos de Lilias hasta que estuvo seguro de que se convertiría en una de las grandes artistas de Inglaterra. Sin embargo, el corazón de Lilia se sentía atraído hacia una dirección diferente. Había dedicado su vida al servicio a Jesucristo. Mientras trabajaba con la Asociación Cristiana de Mujeres Jóvenes (YWCA, por sus siglas en inglés) de Inglaterra, el corazón de Lilias sintió carga por la difícil situación de las musulmanas que vivían al norte de África. Cada vez que oraba, sentía un llamado intenso y divino a ministrarles.

Usó su propio dinero y también juntó fondos para establecer la Banda Misionera de Argel, y en 1888 viajó a Argel con otras dos mujeres. Alquilaron una casa grande, aprendieron árabe, se comprometieron en oración y visitaron a las mujeres en sus hogares para hablarles del evangelio. Uno de los esfuerzos con mayor alcance de Lilias fue escribir y crear folletos de historias y parábolas de Jesús. Los libritos se hicieron para alcanzar a los lectores árabes, con escritura árabe y bordes y diseños árabes. Lilias descubrió que al hacerse amiga de los niños, muchas veces, la presentaban a las madres. Pronto, las mujeres respondieron al evangelio y aceptaron a Jesús como Señor y Salvador.

La mayoría de las convertidas, una vez que le contaban a su familia la nueva relación con Jesucristo que habían encontrado, las asesinaron por no ser fieles al Islam. Estas muertes hicieron que Lilias se cuestionara su misión durante un tiempo. Sin embargo, Dios le habló y le aseguró que estaba realizando un trabajo eterno y que, las que murieron, se fueron a la gloria del cielo. Con una visión renovada, Lilias y sus compañeras de trabajo continuaron viajando a los pueblos del norte de África con el evangelio de Jesucristo. El mensaje no siempre fue bien recibido. Lilias sufrió muchas experiencias terribles, pero Dios siempre fue fiel en protegerla y llevar gloria a su nombre.

Lilias nunca se casó. Sirvió al Señor toda su vida con un corazón resuelto. Sacrificó una carrera prometedora y las comodidades de su hogar para vivir entre personas hostiles al evangelio de Jesucristo, y usar sus talentos para hablarles de Jesús a los perdidos. Murió el 28 de agosto de 1928 en su amada Argel entre la gente que le llegó a ser tan querida.

En una época cuando tantos cristianos se acobardan por hablarles del evangelio a los musulmanes, la vida de Lilias brilla como un ejemplo. El rasgo más sobresaliente de su vida no fue sus proezas ni sacrificios, sino su devoción a Jesucristo. A través de su devoción, oyó el llamado de Dios y respondió de manera afirmativa. Además, a través de su devoción, Dios la sostuvo y la fortaleció. Lilias escogió la devoción a Dios por encima del temor del que habla en su autobiografía y en sus cartas. El Señor se encontró con ella en esos lugares de temor y la sostuvo.

La devoción a Dios está al alcance de toda mujer. Es solo cuestión de compromiso. Si esperas hasta que desaparezca el temor para responder al llamado de Dios en tu vida, lo más probable es que nunca digas que sí. No obstante, si das un paso adelante en el servicio a Dios, Él mitigará tus temores y te ungirá para su servicio.

Sarah Hill

Tengo el privilegio de enseñar en el Instituto Bíblico de *Calvary Chapel*. Sucede que todos los semestres hay un gran número de mujeres jóvenes que quieren tener conversaciones privadas conmigo sobre los hombres. Por lo tanto, cuando Sarah Hill se me acercó con sus largos rizos dorados y sus centellantes ojos verdes, esperaba que la joven me hablara sobre algún joven apuesto de clase alta. Sarah tenía un gastado diario en la mano.

—Mi madre me dijo que debería hablar con usted —me dijo.

Sonreí y le indiqué un lugar para que nos sentáramos. Sarah abrió las páginas de su diario.

—¿Le importaría que le lea lo último que escribí?

Le dije que lo hiciera. En lugar de la historia de amor que esperaba oír, Sarah leyó un versículo de Habacuc:

—"Escribe la visión, y declárala en tablas".

Siguió adelante esbozando un deseo y un plan misionero para alcanzar a las jóvenes que viven en la isla de Kauai. Cuando terminó, levantó la vista y me miró. Estoy segura de que había lágrimas en mis ojos. Estaba absolutamente asombrada ante el compromiso de esta joven.

—Me gusta —dije por fin agradecida por su deseo de servir.

Me contó algunas de las críticas que había soportado. Comenté algo así como:

—¿Acaso no necesitan a Jesús en Kauai también?

Cuando se graduó del Instituto Bíblico, Sarah fue a Kauai como misionera de *Calvary Chapel*. Una vez allí, puso manos a la obra para reunir a las muchachas y encontrarse con ellas. Les predicó el evangelio y, pronto, se encontraba discipulando a un grupo floreciente.

Al cabo de algún tiempo, su grupo comenzó a alcanzar a más jóvenes en la isla. Sarah se sintió inspirada a auspiciar un campeonato olímpico para los niños de la comunidad. Les transmitió su visión a un hotel y un área de negocios, y ellos se integraron con diversas formas de apoyo.

Comenzó la semana de los Olímpicos. La respuesta fue mayor de lo que esperaba Sarah, pero no hubo problemas para Dios. La competencia fue un gran éxito y todos la disfrutaron. Cuando llegó el momento de entregar los premios, Sarah se paró en el podio y anunció a los diversos ganadores. La multitud aplaudió mientras los participantes se acercaban al estrado y recibían los premios. Cuando se entregaron todos los premios, Sarah aprovechó la oportunidad para predicarle el evangelio a la audiencia. Un asombroso número de personas respondió a la invitación de aceptar a Jesús.

Sarah tenía veintitantos años cuando respondió al llamado de Dios para ir a Kauai. Al principio, fue con una amiga, a la que llamaron al poco tiempo para que regresara a los Estados Unidos. Sarah continuó sirviendo sola, segura del llamado de Dios para su vida.

Me escribió y me dijo que siempre queda sorprendida y bendecida al oír sobre el fruto que Dios ha hecho nacer a través de su vida. Algunas veces, ha sido difícil y las recompensas a su fe no siempre son visibles, pero de todos modos son reales y eternas. Ya hace más de ocho años que está sirviendo allí, y está lista para continuar o para responder a un nuevo llamado de parte de Dios.

Dios llamó a Samuel y a Jeremías, como lo hizo con Sarah, cuando todavía eran muy jóvenes. Llamó a Moisés para que lo sirviera cuando tenía ochenta años. A Dios no le preocupa la edad, sino la fe. Sarah creyó en la visión que Dios le había dado y actuó de acuerdo con ella. Entonces, Él la bendijo. Por lo tanto, no te refrenes de seguir tu llamado por algún obstáculo que percibas: edad, tiempo, dinero, educación o apoyo. El plan de Dios para ti *siempre* es mucho mayor que las barreras.

La tía E.C.

La tía E.C., a la que conocimos en el capítulo 10, en realidad se llamaba Louise. Sin embargo, en el campamento *Friendly Acres*, lugar que ella construyó y estableció para que los niños oyeran y aprendieran sobre Jesús, un niñito no podía pronunciar bien su nombre, así que la llamó E.C. y se le quedó ese nombre.

Esta asombrosa mujer, que fue un ejemplo de la fe constante para muchos, nació en 1905 en una familia que no era cristiana. Su madre tenía diecisiete años, pero estaba muy comprometida con su esposo. E.C. disfrutó de una crianza feliz hasta que su padre murió cuando ella era adolescente. Al enfrentarse a esta significativa transición de la vida, la madre de E.C. se matriculó junto con su hija en la escuela de enfermería. Sin embargo, la joven E.C. se cansó de la enfermería y se fugó con un joven arquitecto de San Diego.

Algún tiempo después de casarse con el exitoso joven, Louise se encontraba buscando una buena estación de radio para escuchar. Se topó con una predicación de Aimee Semple McPherson. Louise nunca había oído hablar de tener una relación personal con Jesucristo, y esto la intrigó.

Cuando surgió la oportunidad, la tía E.C. condujo hasta Los Ángeles para oír a la Sra. McPherson en persona. Cuando se hizo el llamado al altar, mi tía respondió con entusiasmo. Les contó a su madre y a su padrastro sobre su reciente relación con Jesucristo y, pronto, ellos también aceptaron al Señor. Fue a este joven hogar cristiano que llegó mi madre como hija adoptada.

Entusiasmada y apasionada, E.C. quiso asistir al instituto bíblico. Su sed de Dios era insaciable. No estaba preparada para el ultimátum que le dio su esposo: él o Jesús. Con pena en el corazón, liberó a su esposo del compromiso matrimonial que tenían y se dedicó al servicio a tiempo completo a Jesús.

Después de graduarse del instituto bíblico L.I.F.E, sirvió un corto tiempo como misionera. Cuando regresó a Estados Unidos, le asignaron Arizona. Equipada con una diadema y una Biblia, se paraba en las esquinas de la ciudad vaquera de Phoenix, tocaba su instrumento y ofrecía el regalo de la salvación a todo el que respondiera a su mensaje.

Las respuestas fueron tan abundantes que E.C. y su compañera de trabajo, Viola Duncan, comenzaron a buscar un lugar donde reunir a los muchos convertidos para que oyeran la

Palabra de Dios y crecieran en ella. Levantaron una gran tienda y estas dos mujeres solas siguieron adelante celebrando reuniones con osadía. Cuando un monzón les hizo pedazos la tienda, E.C. miró al cielo y preguntó: «Señor, ¿adónde quieres que vaya?». Estaban en quiebra y ni siquiera podían alimentarse a sí mismas, mucho menos sustituir la tienda. E.C. sabía que necesitaba la dirección, y todo lo demás, de Dios.

La respuesta a esa sincera oración vino cuando llegó un auto a la casa de E.C. Un rostro conocido abrió la puerta del conductor y comenzó a sacar una inmensa cantidad de bolsas de alimento y provisiones del auto. Una mujer llamada Lois King sintió de parte del Señor que debía servir a E.C. y a Viola. Fue al mercado y llenó el auto con víveres. Luego, condujo hasta Arizona desde California para entregar la comida y alimentar a las mujeres.

Mientras E.C. ayudaba a descargar el auto, llegó un telegrama de las oficinas centrales de la misión en Los Ángeles. Solo decía: «¡Anímense! Tienda nueva va en camino».

Alentadas y equipadas con restaurada esperanza y con nuevos víveres, E.C. y Viola continuaron ministrando a los nuevos creyentes en Phoenix. Con el tiempo, Dios usó a E.C. para establecer y construir la Primera Iglesia Cuadrangular de la zona. También construyó y dirigió un campamento para niños en Williams, Arizona. Tiempo después, estableció un orfanato en Ecuador que financió a través de un club de mujeres que confeccionaba y vendía mantas para bebé, delantales y almohadones bordados.

Cuando ya tenía ochenta años, E.C. enseñaba en la clase para estudiantes del preuniversitario de su iglesia. El salón de clases estaba siempre atestado. Su amor por la gente y su pasión por Jesucristo eran irresistibles. Le encantaba hablar sobre su fe. No estoy segura del autor que citaba, pero uno de sus incentivos favoritos era:

> La fe entra donde abunda el temor y disipa la oscuridad con luz. Cuando actúa la fe, Dios la honra. La humanidad busca acontecimientos razonables. La fe se encuentra al margen de la razón. Jesús pregunta en Lucas 8:25: «¿Dónde está vuestra fe?». Tendemos a apoyarnos en nuestro propio entendimiento. Muchas veces, debemos buscar nuestra fe para encontrarla.

Cuando la adversidad venía sobre E.C., levantaba sus manos al cielo y comenzaba a orar. Cuando lo hacía, siempre me imaginaba a los ángeles de Dios abriendo las puertas del cielo de par en par para llevar las oraciones de E.C. delante del Santísimo.

Mi tía era alegre. Le encantaba reír. Siempre tenía humor y una respuesta delicada para cada ocasión. Cuando pienso en ella, recuerdo su sabiduría excepcional y su gracia con la gente. No recuerdo haberla visto jamás molesta ni actuando con recelo. Veía el valor que tenía todo ser humano, y su respeto y amor se percibían en todo lo que hacía.

Un día, yo estaba molesta con una mujer que conocía. Me sentí muy justificada en mis emociones. Le llevé la situación a E.C., esperando que estuviera de mi parte. Me miró con compasión y me tomó la mano. Me miró a los ojos y me dijo: «Necesita ágape [el amor incondicional de Dios]». Estuve de acuerdo con entusiasmo, pensando que E.C. decía que la mujer en cuestión necesitaba una revelación interior del amor ágape.

E.C. aclaró su afirmación: «Necesita que *tú* le muestres el amor ágape». Eso era algo diferente por completo, y transformó mi visión desde entonces.

En 1988, mi amada mentora tuvo un ataque de apoplejía. Su íntima amiga, Mary Jayne, oyó ruidos y entró enseguida en la habitación. E.C. estaba en su silla favorita con las manos elevadas. Mientras el ataque de apoplejía torturaba su cuerpo, ella luchaba por decir: «¡Aleluya!».

A la semana, partió junto a su precioso Jesús en el cielo. Cuando yo nací, E.C. ya estaba cerca de los sesenta años. Cuando crecí como para conocerla de verdad, estaba llena de años. Su pequeña persona daba una imagen distorsionada de su belleza y fuerza internas. Era una mujer común y corriente que conocía a un Dios extraordinario de una manera muy personal. Su Dios nunca le falló, y aprendió a confiar en Él por completo en toda situación. ¡Aleluya!

Kay Smith

Muchísima gente conoce a mi papá, Chuck Smith. Dios lo ha usado para establecer a muchos miles de personas en la fe cristiana y en la Palabra de Dios. El fruto de su vida y su compromiso con Jesucristo son inconmensurables. Sin embargo, detrás de este hombre de fe también hay una mujer de gran fe... mi madre.

Los comienzos de mi madre no son comunes. Su madre biológica, a la que nunca se identificó, la entregó cuando tenía siete semanas. La ubicaron en el hogar de Judy y Oscar Johnson, donde recibió una crianza cristiana.

Mamá era una joven alta y hermosa, con cabello negro como el azabache y ojos azules. Desde temprana edad, mostró tendencia al piano. Cuando llegó a la adolescencia, era una pianista consumada. Durante este período de su vida, también sintió una perjudicial atracción por el mundo. Estaba considerando abandonar su fe en ciernes, cuando su hermana adoptiva, E.C. Webster, la invitó al campamento *Friendly Acres*. A mamá le resultaba imposible decirle que no a E.C., así que asistió. Fue una invitación y una decisión que cambió su vida.

En este campamento, mamá entregó su vida por completo al señorío de Jesucristo. Al regresar de Arizona, se anotó en el instituto bíblico L.I.F.E, como lo había hecho su hermana años atrás. Cuando tenía veinte años, la invitaron a un partido de

béisbol en el instituto. Su mejor amiga le contó que el rompe-
dor de corazones del campus, Chuck Smith, podía estar allí.
Mientras buscaba asientos para el partido, mamá espió a
Chuck. Él también la vio. Se acercó de un saltó, limpió el polvo
del asiento que estaba a su lado y se lo ofreció a mamá.
La atracción entre ambos era evidente. Rieron, hablaron
entre risitas y conversaron durante todo el partido. De inmediato, mamá quedó impresionada por el amor que papá tenía
por Jesús.
Pronto, la vida de mamá se vio rodeada por circunstancias
imprevistas. Su madre tuvo un ataque de apoplejía y quedó pa-
ralítica. Al mismo tiempo, Chuck Smith le pidió que se casa-
ra con él y lo acompañara a su primer pastorado en Arizona.
Mamá se casó con papá a las seis semanas de conocerlo. En la
pequeña boda, mamá se veía elegante con su traje blanco y unas
gardenias en el cabello.
De inmediato, la joven pareja partió para Arizona. A continuación, vendrían muchas aventuras. A mamá le encanta contar
la historia del día en que descubrió a papá tratando de mover
una enorme piedra. Se encontraba sobre una pequeña elevación
por encima de la iglesia, y a mamá siempre le había preocupado
el daño que podría causar si cayera por esa colina. Entonces ese
día, papá colocó varias palancas alrededor de la roca para que si
se movía, según dijo, rodara en dirección *contraria* a la iglesia.
Los dos contemplaron incrédulos cuando la roca cedió. Se inclinó hacia la iglesita y, luego, hacia el otro lado. Ganó impulso
al tambalearse hacia delante y hacia atrás, y de repente, cayó
cuesta abajo y se precipitó contra la pared de la iglesia y tumbó
los bancos a su paso. Se detuvo en la mitad de la pequeña habitación a solo centímetros de la estufa. Mamá y papá se abrieron
paso a través de la nube de polvo para evaluar los daños. Papá
miró aquel caos y dijo: «¡Huy!».
Mamá se dio cuenta de que habría muchos «huy» más a
medida que Dios les manifestara su voluntad. Y pasaron por
todos ellos juntos.

Papá era un predicador dinámico y muy amado por su congregación. Pronto, la organización de la Iglesia Cuadrangular comenzó a enviarlo a enmendar iglesias que estaban arruinadas por una mala dirección. Papá tenía un efecto suavizante sobre las congregaciones, basado en su deseo de afirmar al pueblo de Dios en cuanto a la seguridad de su Palabra. Mamá seguía con fidelidad a papá y se mudaba de congregación en congregación, desarraigándose otra vez cuando había comenzado a hacer nido.

A lo largo del flujo constante de su vida, aprendió a encontrar la estabilidad por completo en Jesucristo. Durante los primeros cinco años de su matrimonio, mamá, hija única, dio a luz a tres de sus hijos. Disfrutaba de la maternidad.

Durante la primera década de su matrimonio, mamá y papá sufrieron los constantes golpes de las dificultades financieras. Mamá no quería que sus padres se enteraran. Quería dejar que Dios proveyera a través de los recursos de la fe. Y así lo hizo.

Mis padres siempre estuvieron juntos en las pruebas y en las alegrías de la vida. Cuando eran una pareja joven, iban a los parques del vecindario con un pequeño órgano a cuestas. Mamá tocaba y papá cantaba. En una ocasión en particular, mamá quiso calmar la sed con un refresco. Papá pensó que era una extravagancia. Después de todo, solo tenían unas pocas monedas para sobrevivir esa semana. Entonces, mamá siguió tocando con sed en el árido clima de Arizona. Algunas personas se habían reunido para escuchar a la joven pareja. Mientras papá cantaba, un hombre ebrio se quitó el sombrero y comenzó a acercarse a la gente que escuchaba. «Ayuden a estos pobres chicos. ¿No les darán algo?». ¡El hombre levantó una ofrenda y se las dio a mis padres! Papá no sabía muy bien qué hacer. Aceptó el dinero y le compró a mamá su refresco de camino a casa.

Yo nací trece años después de la boda de mis padres. Los primeros recuerdos que tengo son de un hogar muy amoroso. Mamá siempre hacía que mis hermanos y yo nos sintiéramos valorados. Todos los días, cuando partía hacia la escuela, ella oraba por mí.

Cuando llegué a la adolescencia, adopté algunas actitudes poco generosas hacia mi madre, típicas de mi generación. Sin embargo, esa negatividad se desmoronó el día que la encontré de rodillas intercediendo por mí. Escuché unos momentos mientras ella hacía la petición más gloriosa por mí delante de Dios. No oí una palabra de queja, sino más bien una conspiración entre mamá y Dios para mi bien. Nunca olvidaré la maravillosa sensación que me causó que orara por mí de esa manera.

Papá salió de la organización de la Iglesia Cuadrangular en algún momento de 1964. Pastoreó en Corona antes de hacerse cargo de una iglesia incipiente en Costa Mesa, California. El condado de Orange expuso por primera vez a mi madre a la cultura *hippie*. De inmediato, sintió carga por la difícil condición de esta gente e incluyó en cada oración una petición por esta generación perdida.

Cuando una joven conocida le informó a nuestra familia que su novio fue *hippie*, mama usó la oportunidad del próximo encuentro para preguntarle al muchacho qué le atrajo de ese estilo de vida y qué lo sacó de él. La información que le dio enriqueció las oraciones de mamá.

Más adelante, este joven trajo a un verdadero *hippie* a nuestra casa. Su nombre era Lonnie. Mamá pasó toda la tarde conversando con él. Era salvo, pero seguía siendo *hippie*. Mamá lo invitó y Lonnie asistió a *Calvary Chapel* y le encantó el estilo fácil de enseñanza de papá. Lonnie esperaba alcanzar a su generación. Pronto, comenzó a invitar a otros como él, salvos y no salvos, a la iglesia. La iglesia estaba colmada. Papá continuó enseñando la Palabra. Mamá asistía a todas las reuniones y buscaba oportunidades para ministrarle a la gente joven.

Un día, una joven se le acercó a mamá durante el tiempo de comunión. Anhelaba aprender a ser una mujer de Dios. Le preguntó a mamá si podía dar un estudio bíblico. Mamá no se pudo negar; sin embargo, nunca antes había celebrado un estudio. Estaba dispuesta, pero un poquito nerviosa. Pidió prestada una pequeña grabadora que mis hermanos encontraron en el cubo de basura y la reparó. Una y otra vez practicó su estudio mientras hablaba con el pequeño micrófono. Quería asegurarse de que podía comunicarles con claridad el evangelio a estas mujeres jóvenes.

Mamá quedó sorprendida al ver la asistencia a los primeros estudios. Pronto, la gente que asistía superó la capacidad de la casa y se trasladó al salón de comunión de la iglesia. La enseñanza auténtica de la Biblia de mamá combinada con las aplicaciones prácticas resultaba atractiva para las mujeres. Al poco tiempo, el estudio fue demasiado grande para el salón de comunión y tuvo que trasladarse al santuario principal.

Justo cuando mamá necesitaba ayuda, el Señor le proporcionó dos compañeras devotas y prácticas para el ministerio con las mujeres. Carolyn Lamb y Betty Willems se unieron a mamá y comenzaron el estudio bíblico *Joyful Life Bible Study*.

Mamá y Betty escribían las lecciones. Carolyn las revisaba. Asignaron a todas las mujeres a pequeños grupos a fin de tener discusiones en los hogares. Mamá continuó enseñando. Los encuentros siguieron creciendo.

Lo más asombroso de mamá es su *pasión* por Dios. Ama de verdad a Jesús con todo su corazón y esto se ve. Al hablar de la bondad del Señor en su infalible Palabra y en su propia vida, alienta a otros a amar a Jesús.

Mamá invitó a Jesús a todas las partes de su vida al orar con fidelidad y confiar en las promesas de Dios. Alcanzó a otros ante el impulso del Señor.

Cuando me casé, mi esposo y yo nos mudamos a Vista, California, donde Brian pastoreaba una iglesia. Vivíamos a una hora de mis padres. Todas las mañanas, recibía una llamada de mamá. Le decíamos la llamada de la «segunda taza». Conversábamos sobre lo que Dios nos había mostrado en su Palabra durante el devocional matutino, mientras sorbíamos nuestra «segunda» taza de café.

Vi de primera mano los aspectos cotidianos de mi mamá, pero también fui testigo del poder de Dios obrando en su vida de maneras extraordinarias.

¿Es posible?

Las mujeres de gran fe están hechas del mismo material que el resto de las mujeres. Lo que las separa de las demás es su disposición para creerle a Dios, obedecer su Palabra y seguir su dirección. Las posibilidades que trae la fe son interminables. A ninguna de las mujeres mencionadas en este capítulo la llamaron al mismo campo de la fe. La fe de cada una de ellas se demostró en diferentes habilidades y en distintas circunstancias. Aunque toda mujer es única y tiene talentos y dones especiales, somos «comunes» en el sentido de que casi todas nosotras tenemos en común algunos rasgos y búsquedas. Por ejemplo, tenemos cuerpos femeninos, trabajamos (en casa, en el trabajo, en la escuela), comemos y tenemos emociones. Nacemos, crecemos, aprendemos, luchamos, sufrimos, amamos. Los talentos, las habilidades, las deficiencias y los fracasos de una persona tienen el potencial de darle *más gloria* a Dios. Esa cualidad de «comunes» permite que se vea y sobresalga la estampa de Dios en nuestra vida. Cada una de las mujeres sobre las que escribí podría llamarse «común» en muchos sentidos. Esto hace que las extraordinarias cualidades de sus vidas sean un faro resplandeciente de la gloria y la obra de Dios.

¿Tienes el llamado a ser una mujer de fe? *¡Sí!* El deseo de Dios es que toda mujer comprometa su vida con Él y crea de verdad en sus promesas. A la mujer que pone su confianza en el Señor no solo le espera la aventura, sino también la satisfacción, la provisión, el gozo y todos los recursos del cielo.

Por favor, no vaciles en dar un paso de fe para el Señor, porque crees que eres común o que no tienes nada que ofrecer. El apóstol Pablo escribió:

> Pues mirad, hermanos, vuestra vocación, que no sois muchos sabios según la carne, ni muchos poderosos, ni muchos nobles; sino que lo necio del mundo escogió Dios, para avergonzar a los sabios; y lo débil del mundo escogió Dios, para avergonzar a lo fuerte; y lo vil del mundo y lo menospreciado escogió Dios, y lo que no es, para deshacer lo que es, a fin de que nadie se jacte en su presencia. (1 Corintios 1:26-29)

¡Puedes ser una mujer de fe! No está fuera de tu alcance ni de cualquiera que solo desee obedecer a Dios.

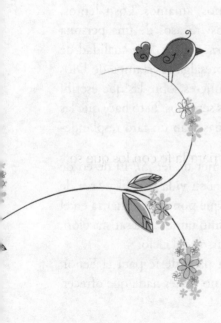

¿Qué dice la Palabra de Dios?

1. ¿Qué mujer de fe de la Biblia o de la historia conmueve más tu corazón? ¿Por qué?

2. ¿Qué similitudes encuentras entre estas mujeres y tú?

3. Menciona algunos obstáculos para la fe con los que se encontraron estas mujeres.

4. ¿Existen obstáculos similares en tu vida? ¿Cuáles son?

5. ¿Cómo te has sentido inspirada a convertirte en una mujer de fe?

6. ¿Con qué mujeres de fe te gustaría más pasar algún tiempo?

7. ¿Qué preguntas te gustaría hacerles?

MUJERES DE GRAN FE

8. ¿Conoces a una mujer de fe? ¿De qué manera te ha inspirado?

9. ¿Tienes una promesa de la Biblia para tu vida? ¿Cuál es? (Si no la tienes, pídele a Dios en oración que te dé una y anótala aquí).

10. ¿Qué desafíos has enfrentado al convertirte en una mujer de fe? ¿Cómo responderás a esos desafíos?

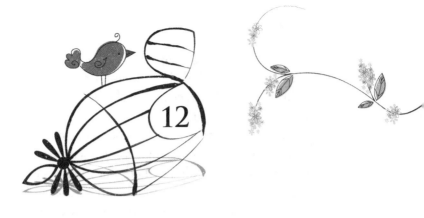

¿CUÁNTA FE ES SUFICIENTE?

A fuera del santuario improvisado, donde estábamos sentadas Sue y yo, altos pinos y encantadores robles rodeaban
a un lago azul alpino. En las montañas que nos rodeaban por
todos lados, las cascadas descendían por las grietas de las altas
montañas derramando sin cesar litros de agua desde cientos de
metros hasta llegar a unas gastadas piedras grises. La majestad
de Dios sonaba con fuerza detrás de las ventanas donde nos
reuníamos.

Dentro de la habitación del castillo transformado, había
misioneros de toda Europa reunidos en grupos pequeños conversando, orando y discutiendo el tema de la oración. En mi
grupo, había mujeres a las que admiraba mucho.

Las misioneras siempre han sido mis heroínas. Estas mujeres no eran la excepción. Entre las que estaban sentadas en
mi grupo se encontraba Celeste. Era una estadounidense soltera
que sirvió al Señor en Rusia, ministrando a mujeres jóvenes y
enseñándoles la Biblia. Luego, se enamoró de Mark, que minis-
traba en Kosovo. Se trasladó del ministerio al que por fin estaba
aclimatada con el propósito de poder casarse con Mark y servir
a Dios en un país musulmán. Desde el momento de la llegada

como recién casados, habían soportado el bombardeo de su auto y la indignación hostil de los militantes musulmanes. Sin embargo, continuaron dando el amor y el evangelio de Jesucristo a todo el que los escuchara.

Otra mujer en el grupo había construido estaciones de radio cristianas en las Filipinas con mucho riesgo y pocos recursos. Las estaciones transmitían la Palabra de Dios por todas las islas.

A mi izquierda se encontraba sentada una escocesa. Junto a su esposo que acababa de jubilarse se mudaron a Hungría para servir al Señor en sus años de oro.

Qué asamblea de personas tan increíble.

Mientras conversábamos sobre la importancia de tener fe cuando oramos, una de las mujeres en el grupo se echó a llorar. A través de las lágrimas, dijo:

—Pienso que no tengo suficiente fe.

La miré asombrada. Conocía lo bastante de su historia como para considerarla una increíble mujer de fe. Sin embargo, aquí estaba, llorando porque sentía que no tenía suficiente fe para perseverar en oración respecto a un aspecto específico de su vida.

En el pasado, había mostrado increíbles reservas de fe. Sirvió al Señor junto a su esposo durante más de diez años en un país extranjero. Juntos habían pasado épocas tumultuosas, pero ella siempre se había mantenido fuerte. Vistos desde fuera, parecía que estaban cosechando las recompensas de su fe y perseverancia. La iglesia que establecieron había crecido hasta convertirse en una de las mayores de Europa. Acababan de comprar un nuevo edificio y lo habían terminado de pagar.

Sin embargo, se enfrentaba a una nueva prueba que parecía apuntar directo a su corazón y amenazaba con eclipsar su visión de la fe. Temblando, le confesó al grupo su aparente falta de fe.

—¿Que no tienes suficiente fe? ¡Tienes más que suficiente! —exclamé.

El resto del grupo la alentó describiéndole todas las situaciones donde había demostrado tener fe.

—Sí —aceptó—. Tenía suficiente fe en ese entonces, pero no sé qué me ha sucedido. Ahora, me siento devastada por las dudas.

—Sue —le dije—, sé muy bien de lo que hablas. Sin embargo, la duda no excluye a la fe. Yo también me he sentido así. ¡Esta mañana leí acerca de otra persona igual a nosotras!

Sue me miró con interés, entonces di más detalles.

—Estaba leyendo sobre Marta en Juan 11. Marta conocía el poder de Jesús. Creía en Él. Por eso le envió un mensaje cuando se enfermó su hermano.

Resumí la historia, recordándole al grupo la desilusión de Marta cuando Jesús demoró su venida y murió su hermano. Cuando Jesús llegó, Marta se encontró con Él en el camino y lo saludó con desilusión: «Señor, si hubieses estado aquí, mi hermano no habría muerto».

Cuando su hermano estaba enfermo, Marta tenía más que suficiente fe. Tenía fe en que Jesús vendría a sanarlo. Sin embargo, Jesús deseaba aumentar su comprensión, así que demoró su llegada y Lázaro murió. Ahora, de pie ante Marta, Jesús le prometió que su hermano resucitaría. Jesús también le dijo que Él era «la resurrección y la vida». Luego, Jesús le preguntó a Marta si creía en Él. Marta respondió con una concesión menor: «Sí, Señor; yo he creído que tú eres el Cristo, el Hijo de Dios, que has venido al mundo». Todavía no podía decir que creía que Jesús era la resurrección y la vida, pero sí creía que era el Mesías, el Hijo de Dios, que había venido al mundo.

¿Marta tenía fe para creer que su hermano resucitaría de los muertos? ¿Incluso sabía a lo que se refería Jesús al decir que Él era la resurrección y la vida? Creo que no. Volvió a lo que sí sabía. Sabía lo que creía acerca de Jesús, y se aferraba a ello con tenacidad. Aunque estaba desilusionada porque Jesús no vino de inmediato a sanar a su hermano, todavía creía en Él. Tal vez no entendiera lo que le declaraba Jesús, pero sabía que Él era el Mesías, el Hijo de Dios que lo había enviado al mundo. Aun en medio de su angustia, se aferró a su fe.

Después de saludar a María, la hermana de Marta, Jesús les pidió que lo llevaran a la tumba de Lázaro. Allí, Jesús pidió que quitaran la piedra de la tumba. Marta se opuso: «Señor, hiede ya, porque es de cuatro días».

Jesús se dirigió a Marta directamente. «¿No te he dicho que si crees, verás la gloria de Dios?»

Entonces, quitaron la piedra y una vez que Jesús oró, llamó a gran voz a Lázaro para que saliera de la tumba. Lázaro tenía «atadas las manos y los pies con vendas». Jesús ordenó que lo desataran.

Después de relatar esta historia, le pregunté a Sue:

—¿Qué creía Marta? ¿Te parece que pensó que Lázaro podía levantarse de los muertos? Si lo pensaba, ¿por qué se opondría a que se quitara la piedra debido a que hedía? No. No tenía idea de lo que haría Jesús.

Ahora, me miraba directo a los ojos. Las lágrimas se secaban en las mejillas.

—Sin embargo —continué—, Jesús le había prometido que si creía, vería la gloria de Dios. ¿Qué creía Marta? Que Jesús era el Mesías, el Hijo de Dios que había venido al mundo. Esta declaración de fe era suficiente. En realidad, era todo lo que necesitaba.

Sue asintió.

—No sabemos lo que Dios hará en nuestras circunstancias. Solo necesitamos creer que Él es el Mesías, el Hijo de Dios, a quien Dios envió al mundo. Marta no tenía la fe para creer que su hermano resucitaría de los muertos, pero tenía suficiente fe en Jesús. Y Él resucitó a su hermano de entre los muertos.

Me entusiasmaba al ver el consuelo que embargaba a Sue.

—Si crees que Jesús es el Mesías, el Hijo de Dios, que ha venido al mundo, tienes suficiente fe como para ver la gloria de

Dios en tus circunstancias. Eso es todo lo que pide Dios. No necesitas más fe. Tienes toda la fe que necesitas. Dios obrará de acuerdo con la fe que tienes. Crees esto, ¿no es así?

—¡Sí! ¡Sí! —afirmó Sue con energía—. Sé que Jesús es el Mesías, el Hijo de Dios. Sé que vino a este mundo y murió por mis pecados y resucitó.

—¡Eso es suficiente para ver la gloria de Dios! —exclamé.

Todo el grupo aplaudió y, una por una, decían:

—¡Es suficiente!

Tan solo una semilla es suficiente

La fe de Marta no descansaba en lo que pensaba que haría Jesús en la circunstancia de la muerte de Lázaro. En lo que a su hermano concernía, tenía muy poquita fe. Había perdido la fe en la capacidad de Jesús para ayudar a Lázaro. Su hermano estaba muerto. No tenía expectativas en ese sentido. Sin embargo, tenía fe en la persona de Jesús. La fe no descansa en la cantidad matemática que posees, sino en la esencia de aquello (o de Aquel) en quien la pones.

Jesús dijo: «De cierto os digo, si tuviereis fe como un grano de mostaza, diréis a este monte: Pásate de aquí allá, y se pasará; y nada os será imposible» (Mateo 17:20). La semilla de mostaza es una de las más pequeñas. Es solo una fracción menor que la semilla de sésamo. ¡No es muy grande! Entonces, no se trata del tamaño de la semilla plantada, sino del *tipo* de semilla que se planta. La semilla de la fe se transformará en un gran árbol de fe cuando se riegue con oración, con la Palabra de Dios y la comunión cristiana.

La obra de Dios no depende de cuánta fe tengamos ni de su tamaño, sino más bien de Aquel en quien creemos y en lo que creemos. Marta no tenía idea de que Jesús resucitaría a su hermano a la vida. Sí tenía fe en quién era Jesús, a pesar de que esa fe se puso a prueba por la demora de Jesús para llegar a Betania.

El evangelio tiene poder y es la esencia de nuestra fe. Pablo dijo: «Porque no me avergüenzo del evangelio, porque es poder de Dios para salvación a todo aquel que cree; al judío primeramente, y también al griego» (Romanos 1:16). Lo que cuenta no es la cantidad de fe, sino el contenido y el lugar donde la ponemos. Con tener fe como un grano de mostaza es suficiente.

La fe da comienzo a un arbolito, pero este crece en la tierra de las pruebas, las deficiencias y los sufrimientos. A esta semillita hay que dejarla caer en la tierra oscura y, luego, hay que cubrirla. Durante algún tiempo después de plantada la semillita, no hay señales visibles de vida. Entonces, en la oscuridad, la semilla busca la luz y se extiende para alcanzar el alimento. Al hacerlo, se abre la corteza y brotan los primeros zarcillos de vida que se abren paso hacia la superficie. Al cabo de algún tiempo, aparecen más hojas verdes y luego el tallo. Pronto, el joven árbol comienza a extender sus ramas.

¿Tienes una semilla de fe? Con eso basta.

El pensamiento apropiado y el inapropiado

Muchas personas tienen una idea equivocada de la fe. Se condenan por su falta. Basan la obra de Dios en lo bien que pueden suprimir las dudas y alentar el optimismo. Por error, ponen la fe en sí mismos y en el poder que tienen para pensar de manera positiva sobre sus circunstancias. A esta altura, su fe ya no está puesta en Dios. Se encuentra en su propio poder para creer.

Algunos individuos están demasiado concentrados, como Marta, en cómo quieren que obre Dios. Marta quería que Jesús sanara a Lázaro mientras todavía estaba vivo. Eso no es fe en Dios, sino fe en un plan. Entonces, cuando sucede algo por lo que han orado de un modo que no era el que esperaban, la gente demasiado concentrada en sus planes se desalienta. Cuando Jesús se demora o escoge otro camino por el cual obrar, su fe se estremece porque está basada en cómo quieren que Dios obre en lugar de estar basada *en* Dios. La fe descansa en la persona de Jesucristo y en la veracidad de la Palabra de Dios. Cuando Jesús sanó a unos ciegos, dijo: «Conforme a vuestra fe os sea hecho» (Mateo 9:29). ¿Qué quería decir? ¿Estaba elogiando la cantidad de fe que tenían? No. Elogiaba el lugar donde pusieron su fe. En esencia, Jesús les dijo: «Reciben la sanidad porque creen en mí».

Las recompensas de la fe

Hebreos 11:6 afirma: «Pero sin fe es imposible agradar a Dios; porque es necesario que el que se acerca a Dios crea que le hay, y que es galardonador de los que le buscan». La gente de Hebreos recibió las recompensas de la fe porque creían en Dios. No tenían idea de la manera majestuosa en que Él se movería en sus circunstancias, sino que como creían en Él y en su carácter, Dios pudo usarlos de maneras increíbles. No tenían una gran cantidad de fe, sino que la que tenían la pusieron en Dios y recibieron su bendición.

Nunca olvidaré la vez en que gané un premio en un almuerzo de mujeres. Por lo general, soy parte del comité de planificación en actividades como esas y, por lo tanto, no participo en los sorteos que se realizan con el número de la entrada. En cambio, esta vez era una invitada. La mujer que estaba sobre la plataforma nos invitó a todas las presentes a mirar nuestras entradas y fijarnos en el número escrito en la parte de atrás. Leyó la primera serie y alguien lejos, a mi izquierda, gritó de alegría. Un reflector iluminó las cabezas de las mujeres que la rodeaban y, al final, se posó sobre ella mientras se ponía de pie. Una mujer con una gran canasta de manjares se abrió paso hasta ella y le entregó la canasta.

Se leyó la segunda serie de números y esta vez cada número correspondía con los que tenía impresos en mi entrada. Miré incrédula. *¡No puede ser!* Miré a mis compañeras. «¡Creo que soy yo!»

Comenzaron a aplaudir y a chillar, y a ordenarme que me levantara. El reflector buscó en la audiencia y, luego, se posó en mí. Una elegante mujer se me acercó con una gran canasta llena de objetos preciosos.

Tenía un solo boleto, pero era lo único que necesitaba para reclamar el premio. No se trataba de la cantidad de boletos que tuviera, sino del hecho que tenía el boleto *adecuado*. No importaba si tenía cien boletos con diferentes números; no hubiera ganado a menos que tuviera ese boleto en particular.

Con la fe *no* se trata de cuántos boletos tengas. No, se trata de lo que está escrito atrás de tu boleto de fe. ¿Crees en Jesucristo? ¿Crees lo suficiente como para confiarle tu situación a Él? ¡Ese es el boleto apropiado para la promesa! Solo hace falta uno para ganar la recompensa de la fe.

Todos los que ponen su fe en Jesucristo tienen prometidas miles de recompensas. Existe la recompensa de la salvación del pecado. Existe la recompensa del perdón de los pecados a través de la sangre de Jesucristo. Existe la recompensa del libre acceso en oración al trono de la gracia. Existe la recompensa de la presencia del Espíritu Santo dentro de nosotros dondequiera que vayamos en la tierra. Existe la recompensa de una relación personal con Dios, el Padre. Existe la recompensa del cielo. Y existe la recompensa de que Dios obrará en nuestras circunstancias para bien.

La recompensa de la fe en la vida de Marta no fue solo la resurrección de su hermano Lázaro, sino también una revelación personal de la grandeza del poder de Jesús.

Tienes suficiente fe

Dios quiere que surtan efecto las recompensas de la fe en tu vida y a través de tu vida. Tal vez te sientas un fracaso cuando se trata de fe. Cuando lees sobre mujeres de fe, te sientes desalentada. En lo profundo de tu corazón puedes sentir un leve susurro: «Yo nunca podré hacer eso». Dios no te llama a hacer lo mismo que hicieron otros. Dios solo te pide que *creas en Él.* Dios tiene algo único para ti que, con tu semilla de fe, te dará la fuerza para hacerlo y obrará en tu vida.

Tal vez te hayas descalificado para recibir las recompensas de la fe porque te parece que nunca podrás reunir el poder suficiente para creer. Dios no te pide que luches por creer. Solo te pide que creas lo que es cierto. Aumentar la fe no es tener más fe, sino fortalecer la fe que tienes.

Tal vez te sientas descalificada porque no eres lo «bastante buena». Cometiste errores en el pasado que amenazan con condenar tu futuro. Bueno, un aspecto de la fe es creer en el poder calificador de la sangre de Cristo. Dios puede limpiarte de *todo* pecado a través de la sangre de Jesús. ¿Entendiste? Dios puede limpiarte de *todo* pecado a través de la sangre de Jesús.

Tal vez hayas estado comparando tu vida con la de otros cristianos que te rodean. Parece que tienen encuentros espirituales todos los días, mientras que tú lavas la ropa. Mi suegra es una gran mujer de fe. Siempre está orando por nosotros y por otros. Algunas veces, se desalienta cuando la tierra por la que está orando para que se ablande parece endurecerse, pero nunca se detiene. No sabe que es una mujer de fe. Se ruborizaría ante ese título. Sin embargo, su perseverancia en oración es prueba de su fe. Siempre les envía tarjetas de aliento a las personas. Llama para ver cómo están los amigos y vecinos. Es una mujer de fe porque cree de verdad en Dios.

Sin embargo, algunas veces, en especial cuando oye cómo se mueve Dios de manera específica en la vida de una persona, se desalienta al compararse. Las comparaciones pueden impedir que te des cuenta de la obra de la fe en tu vida. Dios no obrará en tu vida de la misma manera en que obra en las de los demás.

Una de las cosas que me encanta cuando escucho diferentes testimonios es la manera única en que la gente llega a la fe en Jesucristo. En algunos casos, es cuando están en lo más alto de su profesión o del éxito. En otros, es después de que han tocado fondo. Dios manifiesta la fe de manera diferente para cada persona. Es absurdo pensar que tendremos la misma experiencia que tuvo otro o esperar que otra persona tenga la misma experiencia que nosotros. La Palabra de Dios dice: «Pero todas estas cosas las hace uno y el mismo Espíritu, repartiendo a cada uno en particular como él quiere» (1 Corintios 12:11).

¿Quieres ver la gloria de Dios? Tan solo cree en Jesucristo. Como dijo Jesús: «No se turbe vuestro corazón; creéis en Dios, creed también en mí» (Juan 14:1).

Cree solamente

Sobre mi chimenea tengo una placa pintada a mano que dice: «¡Cree solamente!». Es el recordatorio de una lección que me enseñaron en un retiro al que asistí con algunas de mis más queridas amigas. La oradora contó la historia de Jesús cuando viajaba con Jairo hacia su casa. Jairo, uno de los líderes de la sinagoga, rompió con las costumbres cuando, desesperado, buscó a Jesús y le imploró que fuera a su casa y sanara a su hija enferma.

Jesús fue detenido por las multitudes que lo apretaban y por una mujer enferma a la que sanó. Cuando Jairo y Jesús reanudaron la caminata, llegó a su encuentro un siervo de la casa de Jairo. El mensaje que le dio a Jairo era desalentador: «Tu hija ha muerto; no molestes más al Maestro» (Lucas 8:49).

Puedo imaginarme la expresión que habrá cruzado por el rostro de Jairo cuando miró a Jesús. Debe de haber tenido una mezcla de angustia y esperanza. Jesús pasó por alto al siervo y se dirigió al atribulado padre: «No temas; cree solamente, y será salva» (Lucas 8:50).

En el momento del retiro, mis amigas y yo luchábamos contra diferentes pruebas que amenazaban con eclipsar nuestra visión de fe, así que este mensaje estremeció nuestros corazones. «Cree solamente». La oradora lo repitió una y otra vez. Habló de todos los momentos en su vida en que lo único que le había quedado era su fe en Jesús. No podía prever el desenlace de las circunstancias. Ni siquiera podía tener esperanza en sus circunstancias. Aun así, podía creer en Jesucristo. Podía creer que Él era el Mesías, el Hijo de Dios que vino al mundo. Podía aceptar y repasar una y otra vez lo que sabía sobre Dios. Sobre esta premisa de fe podía pararse en medio de la prueba y del dolor con expectativa.

¿Existe un problema en particular en tu vida con el que estés luchando? ¿Te parece que te falta la fe para creer que Dios obrará? ¿Es una dificultad financiera? ¿Se trata de una relación rota? ¿De un hijo pródigo? ¿De una pérdida? ¿De la salvación de alguien? ¿Hay algo roto que no puedes arreglar? ¿Estás luchando con algún gran temor?

Creo que la fe siempre tiene una mala acogida debido a la manera en que la presentan. A la gente le resulta difícil admitir en público una deficiencia. Sin embargo, el asunto de tener más fe no tiene nada que ver con la deficiencia. La fe que una persona tiene en Jesucristo es suficiente para ver la gloria de Dios. La «medida extra de fe» es la fe que le permite a alguien liberarle su situación a Jesús *sabiendo que Él* obrará y, luego, descansar en gozo y fe hasta que Jesús haga la obra. ¿Quién no quiere esto?

Marta siguió a Jesús a la tumba sin ninguna esperanza en cuanto a su hermano Lázaro. Sin duda, sus pasos eran medidos y lentos. La tumba de Lázaro era una señal de dolor y desilusión. Era el lugar donde parecía que Jesús le había fallado. No tenía idea de lo increíble que haría Jesús. No había comprendido su promesa ni su inmediatez. No había captado la grandeza de su promesa. En realidad, hasta trató de impedirle a Jesús que hiciera abrir la tumba. No obstante, ante su palabra, permitió que se abriera la tumba. Esta fue una pequeña medida de fe, una fe que descansaba en quién era Jesús y en su bondad. Creía que Él era el Mesías, el Hijo de Dios que había venido al mundo. Basada en esta comprensión le confió el estado de su hermano a Jesús, aun cuando fuera en contra de lo que podía percibir.

¿Y qué sucedió? Jesús sacó vida de la muerte. Marta vio con sus propios ojos la gloria de Dios tal como lo prometió Jesús. Recibió una revelación mayor del poder de Jesús. Y, además, la fe de Marta se fortaleció.

¿Quieres ver a Dios moverse en cierta situación? ¿Existe un lugar en tu vida donde piensas que careces de la fe para ver a Dios obrar? Solo ejerce la fe que tienes y recuerda que Dios existe, que es capaz, es bueno, está en acción, te ama, sus caminos son siempre perfectos y su tiempo es perfecto. Al hacerlo, recibirás las recompensas de la fe. ¡Cree solamente!

¿Qué dice la Palabra de Dios?

1. Lee Juan 11:1-24. En el versículo 1, ¿qué acción de Marta mostró su fe en Jesús?

2. ¿Cuál era la esperanza de Marta?

3. ¿Qué desilusiones soportó Marta?

4. ¿Cómo te parece que le afectaron estas desilusiones?

5. ¿Qué desilusiones has soportado?

6. ¿De qué manera te ha afectado la desilusión?

7. ¿A cuáles verdades sobre Jesús se aferró Marta con tenacidad?

8. ¿De qué manera estas verdades son el fundamento de la fe?

9. ¿A cuáles verdades sobre Jesús te aferras con insistencia?

10. Enumera algunas situaciones en las que has puesto tu fe en lugares equivocados.

11. ¿Qué efectos dañinos tuvo esto sobre tu bienestar espiritual?

12. Describe las recompensas de la fe de Marta.

13. ¿Qué aliento te da la experiencia de Marta?

14. ¿En qué pruebas se encuentran sepultadas las semillas de tu fe?

15. ¿Cómo se las darás a Dios?

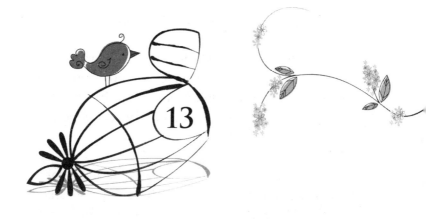

EDIFICA TU FE

A cada paso hablo con mujeres que piensan que les falta fe. Caminan hacia mí poco a poco con el desaliento reflejado en el rostro. Por lo general, están a punto de llorar al confesar su falta de fe. En esos momentos, me gusta preguntarles qué conocen sobre Dios.

Dicen que saben que Dios es real y que es bueno. Les pregunto si creen que Dios está dispuesto a obrar. La respuesta es siempre afirmativa. Por lo general, sondeo un poco más profundo, y cuando lo hago, descubro que su fe está intacta. Entonces, les digo lo que necesitan en realidad. No les hace falta más fe; necesitan fortalecer la fe que ya reside en ellas.

Las pruebas tienen una manera de probar la fortaleza de todo lo que creemos, ¿no es cierto? Cuando suceden cosas malas, ¿seguimos creyendo que Dios es bueno? Cuando nos enfrentamos a un déficit financiero, ¿creemos que Dios está en acción? Cuando sentimos las presiones de la vida y las fechas de vencimiento llegan a su fin, ¿seguimos creyendo que el tiempo de Dios es perfecto?

Lo cierto es que *sí* creemos, pero las dudas asaltan la fe que sostenemos. Tendemos a pensar que estas dudas son evidencia de que nos falta fe, en lugar de verlas como ataques contra la fortaleza de la fe. Las pruebas son el terreno de prueba de nuestra fe. Aunque el diablo quiere que los sufrimientos destruyan nuestra fe, Dios permite que la refinen y la enriquezcan. Pedro lo dijo de la siguiente manera:

> En lo cual vosotros os alegráis, aunque ahora por un poco de tiempo, si es necesario, tengáis que ser afligidos en diversas pruebas, para que sometida a prueba vuestra fe, mucho más preciosa que el oro, el cual aunque perecedero se prueba con fuego, sea hallada en alabanza, gloria y honra cuando sea manifestado Jesucristo.
> (1 Pedro 1:6-7)

Dios usa las pruebas para mejorar nuestra fe, al igual que la enfermedad y la muerte de Lázaro fueron los medios para probar y fortalecer la fe de Marta. Por lo tanto, las pruebas son el lugar a través del cual Dios saca a la luz lo que creemos de Él y, luego, nos da una mayor revelación de quién es al sacarnos de cada prueba con victoria.

Nuestra fe debe fortalecerse a diario del mismo modo que nuestros músculos. Así como la buena nutrición, el descanso y el ejercicio fortalecen nuestro cuerpo, la oración, la Palabra de Dios y la comunión con los hermanos fortalece nuestra fe. Tienes el «músculo de la fe». Tan solo necesita el cuidado adecuado y la nutrición apropiada para crecer y soportar el trabajo intenso.

La oración

La voz al otro lado del auricular era insistente.

—¿Qué hará respecto a este problema? —me presionaba.

Tenía la mente en blanco. La situación era, cuando menos, arriesgada. Todos los intentos anteriores para lograr la reconciliación y la paz habían terminado en desastre. Ahora, el hombre en la línea me presionaba para participar de la misma situación e intentar de nuevo lo que antes no había dado resultado.

—¿Qué hará con esta situación? —me preguntó con un tono de voz demandante y fuerte. Me dolió el oído, así que alejé el auricular.

—Estoy orando —le respondí con docilidad.

—Ah, fantástico. Eso cambiará todo —dijo en tono sarcástico.

—Ninguno de mis mejores esfuerzos ha dado resultado —confesé—. Creo que es hora de esperar que Dios obre y abra las vías para la paz. No podemos hacer nada más hasta que Dios se mueva, así que oraré.

El hombre estaba indignado.

—Es lo mismo que si me hubiera dicho: "¡Caliéntense y sáciense!".

—Eso es así, solo si no conoce o no cree en el poder de la oración —respondí.

Guardó silencio por un momento. Luego, de repente, terminó la conversación con desdén:

—¡Bah, como quiera!

Me senté estupefacta durante un segundo y, luego, ¿sabes qué hice? Oré. No tenía otro recurso. No sabía qué hacer ni qué decir. Mientras oraba, Dios me habló al corazón y ministró a mi espíritu. Él haría su trabajo.

La Biblia está llena de exhortaciones y estímulos para orar, pues Dios ha escogido hacer sus mayores obras a través de la oración. Oswald Chambers, un dinámico misionero en Egipto, dijo de manera acertada: «La oración es la actividad de la fe». La oración es donde la fe se fortalece, se enriquece y se activa.

Dios logra una multitud de propósitos a través de la oración. La oración es el medio por el cual Él nos permite presentarle nuestros problemas. Es la manera de descubrir la perspectiva, la presencia, la provisión, la preparación y los planes de Dios.

La presentación de un problema a Dios

Pablo dijo: «Por nada estéis afanosos, sino sean conocidas vuestras peticiones delante de Dios en toda oración y ruego, con acción de gracias» (Filipenses 4:6). La oración es el medio por el cual hablamos con Dios. El salmista lo dijo de la siguiente manera: «Esperad en él en todo tiempo, oh pueblos; derramad delante de él vuestro corazón; Dios es nuestro refugio» (Salmo 62:8).

A través de la oración no solo le presentamos nuestros problemas y nuestras peticiones a Dios, sino que también derramamos nuestros corazones delante de Él.

¿Alguna vez te sucedió que no sabías lo que andaba mal hasta que oraste? A mí me ha sucedido. Me he sentido confusa, ansiosa, sin saber lo que siento o lo que quiero. En esos momentos, le llevo las cosas a Dios en oración. Además, casi siempre me explica lo que siento y por qué lo siento. Cuando oro, se hace la luz en mi corazón. Además, mientras oro, descubro que mis objetivos se tornan más claros. Mis oraciones casi siempre comienzan en ignorancia y terminan con revelación divina.

Nadie se deleita en escuchar nuestros problemas como lo hace Dios. Pedro escribió: «Echando toda vuestra ansiedad sobre él, porque él tiene cuidado de vosotros» (1 Pedro 5:7). Otros pueden cansarse de oír tus problemas y dilemas, pero Dios no se cansa. Habla con el Señor en oración. ¡Es así de fácil!

La perspectiva de Dios

El siervo de Eliseo estaba aterrorizado. Salió de la casita donde servía al profeta Eliseo y vio al ejército sirio que rodeaba la ciudad y la casa. El ejército había venido con caballos, carros y una gran multitud de guerreros. La horda armada había venido para intimidar a Eliseo e impedirle que profetizara.

De inmediato, el siervo le informó al profeta lo que sucedía y añadió: «¡Ah, señor mío! ¿qué haremos?».

Eliseo estaba inmutable. Oró por su siervo: «Te ruego, oh Jehová, que abras sus ojos para que vea». Cuando el siervo abrió los ojos, vio algo diferente. Sobre las montañas que rodeaban al profeta había un ejército mayor con caballos y carros de fuego.

Cuando el ejército de Siria avanzó contra Eliseo, quedaron ciegos e indefensos. El siervo de Eliseo llevó el ejército invasor al rey de Israel, que se ocupó de ellos (2 Reyes 6).

La oración cambia nuestra perspectiva. Muchas veces, he comenzado a orar sintiéndome víctima de las circunstancias. Esa perspectiva cambia cuando elevo mis peticiones al Dios Todopoderoso del cielo y de la tierra que me ama y que actuará a mi favor. Cuando llego al momento de decir «amén», mi visión ha cambiado tal como la del siervo de Eliseo, y sé que tengo la ventaja gracias a Jesús.

El poder de Dios

Mis recursos son limitados, al igual que mi fuerza. Existen muchos problemas ante los cuales no puedo hacer ni cambiar nada. La distancia, los recursos limitados y las obligaciones me impiden estar en condiciones de ir, tocar y ayudar a los necesitados. Sin embargo, Dios no está limitado. Él puede tocar a la persona que vive al lado de mi casa a través de la oración, así como puede tocar a una persona a miles de kilómetros.

La fuerza de Dios es ilimitada; sus recursos no tienen límites. Jeremías, el profeta, sabía de qué hablaba cuando exclamó: «¡Oh Señor Jehová! he aquí que tú hiciste el cielo y la tierra con tu gran poder, y con tu brazo extendido, ni hay nada que sea difícil para ti» (Jeremías 32:17).

Cuando oramos, traemos el poder de Dios para que se encargue de los problemas, las perplejidades y las pasiones de nuestra vida.

La presencia de Dios

Dios le dijo a Moisés que había escuchado el clamor de su pueblo y que había «descendido para librarlos» (Éxodo 3:8). Cuando oramos, Dios nos oye *y* se acerca a nosotros. Santiago también nos reafirma esta verdad: «Acercaos a Dios, y él se acercará a vosotros» (Santiago 4:8). Nos acercamos a Dios cuando vamos a Él en oración.

La presencia de Dios es el mayor consuelo en las pruebas. Cuando sabemos que Dios está con nosotros, nuestra fe se fortalece.

La provisión de Dios

La oración es el medio por el cual Dios nos da su provisión. Pablo nos dice: «Mi Dios, pues, suplirá todo lo que os falta conforme a sus riquezas en gloria en Cristo Jesús» (Filipenses 4:19). ¿Cómo tenemos acceso a esas riquezas? ¡A través de la oración!

Cuando se reunió la multitud de más de cinco mil personas, solo había el almuerzo de un niño para nutrir, saciar y fortalecer a los seguidores cansados. Jesús tomó los cinco panes de cebada y los dos pescaditos y, alzando los ojos, oró, bendijo y agradeció a Dios por la provisión. Luego, partió los panes y los pescados para que los repartieran. La multitud se llenó y se fortaleció, y sobró muchísimo. (Lee Mateo 14:17-21, NVI).

De la misma manera, cuando oramos, Dios envía su provisión divina para suplir la necesidad. Además, nunca ha dejado de satisfacer mi necesidad cuando voy a Él en oración. A Brian siempre le ha encantado invitar gente para que se quede en nuestra casa. Me agrada decir que tiene «el don de *mi* hospitalidad». En una ocasión, invitó a dos parejas de Europa oriental. Estábamos cortos de dinero, así que teníamos una escasa cantidad disponible en el banco. Las parejas que venían de

Europa habían usado casi todo su dinero para venir a Estados Unidos.

Pensaba que se quedarían en nuestra casa una semana. Se quedaron tres. Estaba embarazada de unos siete meses de nuestro cuarto hijo, y ya teníamos a otro pariente que vivía con nosotros. Yo me ocupaba de todas las comidas, así que dosificaba la cuenta bancaria y compraba los víveres que me parecían necesarios. Después de una semana, estaba segura de que nos quedaríamos sin comida. Sin embargo, cada vez que iba a la alacena o al refrigerador, encontraba lista una provisión. Nos quedamos sin fruta y no tenía dinero para comprar.

Esa mañana, oraba en nuestra sala y, sin querer, miré hacia el jardincito que teníamos al frente. Vi que nuestros árboles de mandarinas, que nunca antes habían dado fruto, ¡se doblaban en dos de tantas frutas! Salí y recogí suficientes para ese día. A los europeos les encantan las mandarinas. Cada día, había más que suficientes para satisfacer a todos. Cuando se fueron nuestras visitas, los arbolitos estaban vacíos. Y nunca más volvieron a dar fruto.

Dios satisface nuestras necesidades con su provisión cuando oramos.

La preparación de Dios

¿Alguna vez has notado que cuando oras Dios comienza a obrar en tu corazón a fin de prepararte para lo que está a punto de realizar? Hace años, después de visitar Inglaterra, Brian y yo oramos para que el Señor enviara allí a la pareja adecuada de modo que estableciera en Londres una iglesia que enseñara la Biblia. Mientras más orábamos, más específicas eran nuestras oraciones en cuanto a una pareja que estuviera dispuesta a ir y ministrar allí. Y mientras más orábamos, más preparaba el Señor *nuestros* corazones para que fuéramos esa pareja.

Pablo destaca que Dios «es el que en vosotros produce así el querer como el hacer, por su buena voluntad» (Filipenses 2:13). A través de la oración, Dios obra en nosotros y nos prepara para ser partícipes en las obras que va a realizar.

Los planes de Dios

A través de la oración, muchas veces Dios cambia nuestros planes. A menudo, vamos a Dios en oración con un plano de cómo pensamos que debe actuar. Sin embargo, la oración es el momento en el que dejamos de lado nuestra voluntad para que se cumplan sus planes y propósitos.

Jesús les enseñó a los discípulos a orar: «Padre nuestro que estás en los cielos [...]. Venga tu reino. Hágase tu voluntad, como en el cielo, así también en la tierra» (Mateo 6:9-10). Dios no solo tiene un propósito que desea cumplir, sino que tiene el plan para llevarlo a cabo.

David derrotó a los filisteos tras la primera batalla en el valle de Refaim. Sin embargo, los filisteos se habían reagrupado y movilizado de nuevo en el mismo valle. David oró antes de comenzar esta segunda batalla. Le pidió a Dios que le diera instrucciones. Dios le dijo a David que no fuera en su contra, sino que los rodeara por detrás y que esperara hasta escuchar el «ruido como de marcha por las copas de las balsameras». Cuando David escuchara el ruido, debía avanzar con rapidez. Él siguió las instrucciones del Señor y los filisteos sufrieron una derrota contundente (2 Samuel 5:22-25). Dios le dio a David el plan para la victoria a través de la oración.

La oración fortalece nuestra fe al permitirnos derramar el corazón delante de Él y, al hacerlo, recibir su perspectiva, su presencia, su provisión divina, su obra en nosotros y sus planes. Estos dones alientan nuestra fe al permitirnos ver la mano de Dios obrando en nuestras circunstancias, sentir la presencia del Dios Todopoderoso con nosotros, recibir su provisión divina y participar en sus propósitos a través de la guía que Él proporciona.

La Palabra de Dios

La oración no es lo único que edifica nuestra fe. La lectura y el estudio de la Palabra de Dios también edifican la fe. La Palabra de Dios revela su carácter, narra sus promesas y registra su obra. Al hacerlo, la Palabra de Dios nos permite conocer a Dios y reconocer su mano en nuestra vida.

La mujer sentada a mi lado en la fiesta de bodas era la personificación de la elegancia. Ella y su esposo, Ned, parecían ejemplificar la pareja que ama a Dios. Eran cristianos con buena base, decididos y agradables. Les encantaba trabajar en la iglesia y siempre irradiaban el don de la hospitalidad.

Conversamos sobre la fe mientras sonaba la música. De repente, la mujer se dio vuelta y me confió: «Cheryl, pienso que me falta fe. Me cuesta muchísimo confiarle a Dios cierta situación que tengo que enfrentar». Jill parecía cabizbaja al admitirlo.

«Ay, Jill», la consolé, «el remedio es sencillo. No necesitas reunir más fe; solo necesitas conocer mejor a Dios. Mientras más conoces el carácter confiable de Dios, con más facilidad podrás confiarle todo a Él».

Le expliqué que cuando Brian y yo éramos recién casados, discutíamos por todo. Discutíamos por el dinero. Discutíamos por su manera de conducir. Discutíamos por las otras mujeres. Discutíamos porque no confiaba por completo en Brian. No estaba segura de si iba a ser responsable con nuestras finanzas. No confiaba en su manera de conducir. Me sentía insegura en cuanto a su fidelidad. A medida que pasaba el tiempo y llegaba a conocer mejor a Brian al pasar tiempo juntos, al observarlo, hablar con él y trabajar a su lado, me daba cuenta de que podía confiar en él. Las peleas disminuyeron poco a poco y le di cada vez más de mí misma.

Asimismo, mientras más tiempo pasemos con la Palabra de Dios, mejor lo conoceremos. La Biblia es la revelación de Dios de sí mismo al hombre. En la Biblia, Dios pone de manifiesto su carácter. También deja constancia de su relación con su pueblo. A través del estudio de su Palabra llegamos a conocer quién es Dios y qué hace. Mientras más lo conocemos, más confiamos en Él.

La revelación de su carácter

La personalidad de Dios se revela a través de las páginas de la Escritura. Dios da testimonio a través de la Biblia de que es sabio, poderoso, justo, amoroso, amable, perdonador, bondadoso y misericordioso. A lo largo de toda la Palabra de Dios, los hombres y las mujeres que han caminado con Dios validan su sabiduría, poder, justicia, bondad, perdón, gracia y misericordia a través de sus testimonios.

La mayor revelación del carácter bueno de Dios se ve en Jesucristo. El autor de Hebreos afirma de manera enfática que «Dios, habiendo hablado muchas veces y de muchas maneras en otro tiempo a los padres por los profetas, en estos postreros días nos ha hablado por el Hijo, a quien constituyó heredero de todo, y por quien asimismo hizo el universo» (Hebreos 1:1-2). Jesús le dijo a su discípulo Felipe: «El que me ha visto a mí, ha visto al Padre» (Juan 14:9).

Por medio de Jesús, tenemos una visión de la compasión, la naturaleza, el poder y la actividad de Dios. Mientras más estudiamos la vida de Jesús, más se edifica nuestra fe en Dios.

Constancia de la obra de Dios

La Biblia también deja constancia de las obras de Dios, desde las más tremendas hasta las pequeñas. En la Palabra de Dios leemos sobre sus poderes creativos cuando mediante su palabra creó todo cuanto existe. En Job 38 leemos sobre la compleja participación de Dios en el sustento de su creación. El libro de los Salmos capta nuestra atención con sus declaraciones sobre el consuelo, la paz y la revelación durante tiempos de angustia. El mismo Dios que creó la tierra recoge nuestras lágrimas (Salmo 56:8). La Biblia también nos muestra cómo y cuándo Dios obró para liberar, ayudar, sanar, dirigir y bendecir a su pueblo.

Cuando leemos lo que hizo Dios, nos damos cuenta de que el mismo Dios que obró de manera tan gloriosa en épocas pasadas sigue obrando en nuestras vidas y en el mundo. Este reconocimiento abre nuestros ojos para ver mejor a Dios en el mundo que nos rodea a través de la maravilla de su creación y su obra sustentadora en la creación. No solo Dios creó el sol, sino que continúa levantándose cada mañana por su poder.

La Palabra de Dios repite sus promesas

A lo largo de la Biblia hay promesas que Dios le ha hecho a *cada* creyente. Pedro afirma que Dios «nos ha dado preciosas y grandísimas promesas» (2 Pedro 1:4). Al leer las promesas de Dios en la Biblia, aprendemos lo que Él quiere hacer y lo que hará en nuestras vidas si le confiamos nuestros problemas, nuestras cargas y nuestras vidas.

Cuando Pablo estaba a punto de partir hacia Jerusalén, se encontró una última vez con los líderes de la incipiente iglesia de Éfeso. Sabía que su fe se probaría, así que los alentó a estudiar la Escritura. Pablo sabía que la Palabra de Dios fortalecería su fe y les permitiría perseverar victoriosos a través de cada prueba.

«Y ahora, hermanos, os encomiendo a Dios, y a la palabra de su gracia, que tiene poder para sobreedificaros y daros herencia con todos los santificados» (Hechos 20:32).

La Palabra de Dios es su carta para todos nosotros, y es «viva y eficaz, y más cortante que toda espada de dos filos» (Hebreos

4:12). La Palabra de Dios contiene el poder para fortalecernos mientras la leemos, la estudiamos y la aplicamos a nuestras vidas.

La comunión con otros creyentes

La oración y la Palabra de Dios son esenciales para fortalecer nuestra fe. Además, existe otro elemento que está a nuestra disposición para que se fortalezca nuestra fe: la comunión con otros creyentes en Jesucristo.

La comunión no es tan solo la reunión de los creyentes. Tiene que ver con las *actividades de los creyentes cuando se congregan*. Pablo describe el propósito de la comunión: «Porque deseo veros, para comunicaros algún don espiritual, a fin de que seáis confirmados; esto es, para ser mutuamente confortados por la fe que nos es común a vosotros y a mí» (Romanos 1:11-12).

La comunión es hablar sobre Dios, testificar acerca de lo que ha hecho en nuestras vidas, alentarnos mutuamente, rendirnos cuentas entre nosotros y orar los unos por los otros. También es un tiempo para ver la fe en acción y practicada vívidamente a través de la vida de otros creyentes.

No debemos descuidar la comunión con los creyentes en Cristo. Muchos tienen problemas con una fe débil porque se aíslan. Hebreos 10:24-25 instruye a los creyentes: «Y considerémonos unos a otros para estimularnos al amor y a las buenas obras; no dejando de congregarnos, como algunos tienen por costumbre, sino exhortándonos; y tanto más, cuanto veis que aquel día se acerca».

Una noche, fui a la iglesia desesperada. Mi fe estaba puesta a prueba. Una vecina había acusado a mi hijo de una travesura que no había cometido. Hasta lo había amenazado. Mi corazón estaba lleno de ansiedad al pensar en el futuro de nuestra familia en el vecindario al cual acabábamos de mudarnos. ¿Qué sucedería con nuestra reputación? ¿Qué sucedería con nuestro testimonio como creyentes? ¿Qué le sucedería a mi hijo?

Tenía bastante conocimiento como para sucumbir ante panoramas aterradores, pero mi mente todavía daba vueltas por el enfrentamiento. Necesitaba hablar con alguien. Al finalizar la reunión, un grupo de amigas se reunió a mi alrededor. Comencé a llorar. «Cheryl, ¿qué sucede?», me preguntaron. Describí la escena que tuvo lugar esa semana. De inmediato, me impusieron las manos y oraron. Una vez que oraron, cada una de las mujeres me alentó. Una de ellas me dio un versículo de la Escritura. Otra me contó una experiencia similar y cómo el Señor la sacó adelante. Por último, la mujer mayor en el grupo me tomó el rostro con amabilidad entre sus manos arrugadas, me miró a los ojos y dijo: «Cheryl, recuerda que no hay nada que te toque sin antes pasar por el filtro del amor de Dios. ¡Nada!».

Esa noche, mi fe se fortaleció. Por primera vez en muchas noches, dormí profundamente. Semanas después, la vecina vino a mi puerta para disculparse. Nos abrazamos y, ahora, somos amigas y nos saludamos siempre que nos encontramos en la calle. Dios apuntaló mi fe esa noche al encontrarme y tener comunión con las mujeres de la iglesia. Además, Dios también obró de forma milagrosa a través de la oración.

La comunión con los creyentes en Cristo es necesaria para fortalecer la fe. La próxima vez que te encuentres con creyentes, te aliento a que inicies la comunión. ¿Cómo? Pregúntale a alguien qué es lo que Dios está haciendo en su vida o testifica de lo que está haciendo en la tuya.

Dios te ha dado todos los recursos que necesitas para fortalecer la fe. Tienes fácil acceso a Dios a través de la *oración*. A través de su *Palabra*, tienes su testimonio personal que te permite conocerlo mejor y tienes la *comunión con otros creyentes*. Cuando te golpeen las pruebas de la vida, como siempre sucederá, tu fe fortalecida se refinará y pulirá para ser algo de más incalculable valor que el oro.

¿Qué dice la Palabra de Dios?

1. Lee Lucas 18:1-8. Según el versículo 1, ¿con cuánta frecuencia debemos orar?

2. De la parábola que Jesús cuenta en Lucas 18:1-8, destaca algunos de los elementos esenciales de la oración.

3. En Lucas 18:7-8, ¿qué le promete Jesús a la persona que persevera en oración?

4. ¿De qué manera la oración es una actividad de la fe?

5. ¿Cómo la Palabra de Dios fortalece la fe?

6. ¿Qué has aprendido sobre el carácter de Dios a través de la Palabra de Dios?

7. ¿Qué has aprendido de la Biblia sobre la obra de Dios que fortalece tu fe?

8. ¿Qué has aprendido sobre el poder de Dios que fortalece tu fe?

9. Según Malaquías 3:16-18, ¿qué acontecimientos divinos se producen cuando los cristianos hablan juntos con Dios?

10. Recuerda un momento en que tu fe se haya fortalecido debido a la experiencia de alguien con Dios.

11. ¿Qué testimonio o mensaje para edificar la fe te ha dado Dios para que le cuentes a otros?

12. ¿Qué temores te han impedido tener comunión?

13. ¿Qué harás para superar esos miedos y fortalecerte en la comunión?

14. ¿De qué manera necesitas edificarte en la fe?

¿QUÉ NOS IMPIDE
TENER FE?

Mi primer año en la universidad fue difícil. No era por las clases ni por las demandas de mi tiempo. Era mi salud. Fui muy activa durante toda mi vida. En el bachillerato, participé de los programas atléticos e iba en bicicleta casi a todas partes. De repente, cuando llegué a la universidad, la mayor parte del tiempo estaba sin fuerzas. Era difícil tener suficiente energía para realizar las actividades que me encantaban o participar en cosas nuevas. Cuando iba a casa los fines de semana, recuperaba las fuerzas, pero cuando volvía a la universidad, mi energía se debilitaba. Se lo atribuía a que extrañaba a mis padres y, a la larga, me cambié de universidad para poder vivir en casa. Sin embargo, eso no resolvió el problema.

Con el tiempo, después de visitar a un nuevo médico que era alergista descubrí que era muy alérgica a los frutos secos. Las almendras me producían síntomas similares a los de la gripe, que me dejaban sin energía, y las distintas clases de nueces me producían urticaria. La madre de mi compañera de cuarto nos había abastecido ampliamente con nueces orgánicas para darnos proteínas y energía durante nuestro primer año universitario. Debido a mis alergias, esas nueces producían el efecto contrario en mí.

Así como a mí me sucedía con mis alergias desconocidas, muchas personas están aletargadas cuando se trata de la fe. No comprenden por qué no progresan en su confianza en Dios. Luchan con los mismos temores y nunca obtienen la victoria. ¿Podría deberse a su dieta espiritual? Tal vez permitan toxinas en su dieta y no sean conscientes de ello.

Se sabe que la falta de ejercicio, los malos hábitos alimenticios y la falta de un descanso adecuado contribuyen a la atrofia en los músculos. La atrofia es algo peligroso para el cuerpo humano. Es un deterioro de los músculos y, con el tiempo, pueden quedar inertes.

Entonces, ¿qué factores pueden provocar la atrofia de nuestra fe?

El orgullo

El orgullo debilita la fe mediante la obsesión con uno mismo. La fe se edifica cuando nuestra atención se concentra en el carácter de Dios y en su poder a través de la oración, de la Palabra de Dios y de la comunión con los creyentes. El orgullo se concentra en lo que puede hacer, lo que quiere, aquello que le parece que le corresponde y lo que le parece que le han negado. Concentrado por completo en el ego, el orgullo adquiere diferentes formas y debilita la fe. Algunas de estas formas incluyen la dependencia propia, la terquedad, el merecimiento propio y la autocompasión.

Dependencia propia

Esta es la forma más evidente del orgullo. La gente que dice: «Puedes orar. Yo voy a obrar», es la que confía en sus propios talentos, en sus tareas y en sus esfuerzos más que en el poder de Dios. La persona que depende de sí misma no estima la oración, las reuniones de oración, ni los estudios bíblicos. Creen que tienen cosas más importantes que hacer con su tiempo, con sus talentos y con su trabajo.

Esta actitud de orgullo también se refleja en el dicho que no es bíblico: «Dios ayuda a los que se ayudan». Cuando nos apoyamos en nuestros puntos fuertes, en nuestra ingeniosidad y resolución, los músculos de la fe no se ejercitan. Puedes *hacer* para Dios, pero no *permites que Dios haga las cosas por ti ni en ti.*

Una amiga mía de Inglaterra vino a la iglesia una mañana ojerosa por completo. La mayoría de las veces, era vivaz, así que verla en esta condición fue sorprendente. Le pregunté por qué parecía tan cansada. Respondió que estaba trabajando en tres empleos diferentes a fin de poder sostener a su esposo en el ministerio.

—¡No es de extrañar que estés cansada! —le dije poniéndole el brazo en los hombros—. Estás haciendo el trabajo de Dios. No olvides hacer salir el sol por la mañana y asegúrate de que la tierra mantenga su impulso mientras gira.

—¿Eso es lo que estoy haciendo? —me preguntó desconcertada.

—¡Sí! *Dios* quiere apoyar a Karl en el ministerio. Quiere proveer para él. La Biblia dice que el obrero es digno de su salario. Dios quiere apoyar a tu esposo.

—Bueno, ¡eso explica por qué estoy tan agotada! —dijo inundada de alivio.

En su celo para que la usaran en el ministerio, mi amiga había tomado el sustento de su esposo completamente en sus manos. Creía que necesitaba proveer para que él estuviera en el ministerio de Dios. Había perdido de vista la promesa de provisión que se encuentra en la Palabra de Dios.

Mi amiga dejó dos de sus trabajos conforme al deseo del esposo. El Señor satisfizo con bondad sus necesidades y ambos continuaron sirviendo al Señor en Inglaterra.

Mi amiga no se daba cuenta de que estaba debilitando el músculo de la fe. Solo colocaba la carga de apoyar el ministerio de Dios sobre sus hombros.

No todos los que se mueven en el campo del orgullo lo reconocen como tal. El orgullo puede ser muy engañoso. Mi amiga creía que hacía lo que deseaba Dios. Solo después de algún tiempo se dio cuenta de lo absurdo de su razonamiento.

Terquedad

La terquedad es la actitud que quiere ver cumplidos nuestros propios deseos por encima de los de Dios. Tiene la audacia de pensar que la voluntad humana, incluso con sus limitaciones, es mayor que la del Dios omnisciente, eterno y todopoderoso. La terquedad no reconoce los atributos superiores de Dios que son el fundamento de la fe.

He conocido personas tan empeñadas en lograr sus propios deseos que no se interesan en absoluto por la voluntad de Dios. Cuando al final de una oración añaden «Hágase tu voluntad», consideran que no es gran cosa. Estos individuos invitan a Dios a participar de sus planes en lugar de pedirle a Dios que los guíe en sus caminos.

Merecimiento propio

El orgullo presentado como el merecimiento propio busca sus derechos. La gente que se aferra a esto siente que Dios les debe algo. En lugar de ver a Dios como un Dios bueno que bendice, lo ven como un amo que retiene los salarios. Tienen un concepto de su servicio a Dios más alto de lo que debieran.

Es muy fácil caer en esta actitud. Lo sé después de haber caído un par de veces en sus trampas. Cuando voy a Dios basándome en lo que he hecho por Él en lugar de hacerlo basada en lo que es Él y lo que ha hecho por mí, me voy deslizando por la cuesta hacia la trampa de lo que merezco. Pablo dijo de todo lo que había hecho: «Y ciertamente, aun estimo todas las cosas como pérdida [...] y lo tengo por basura» por «la excelencia del conocimiento de Cristo Jesús, mi Señor» (Filipenses 3:8). Lo que decía Pablo era que todos sus esfuerzos por ser justo delante de Dios palidecían ante la fe.

Cuando voy a Dios basándome en las buenas obras que he hecho por Él, paso por alto dos importantes principios bíblicos. El primero es que toda buena obra que haya hecho la he realizado por la obra de Dios a través de mí. Como dijo Jesús:

«Porque separados de mí nada podéis hacer» (Juan 15:5). El segundo principio bíblico es que no puedo acercarme a Dios por mis obras. Como Pablo le recordó a Tito: «Nos salvó, no por obras de justicia que nosotros hubiéramos hecho, sino por su misericordia» (Tito 3:5).

El merecimiento propio menosprecia a la fe, pues se concentra en lo que he hecho a fin de garantizar la bondad y la bendición de Dios en lugar de hacerlo en su bondad y bendición.

Autocompasión

Como todas las otras formas de orgullo, esta actitud se concentra en el «ego». Implica la sutil sugerencia de que Dios no es lo bastante justo ni fuerte para impedir que los demás nos maltraten. También revela que creemos que no se nos está reconociendo como debiéramos.

Nunca olvidaré una de las veces que caí en la trampa de la autocompasión. Vivíamos en Inglaterra y habíamos experimentado cuatro semanas seguidas de visitas. Cada una requería su juego de toallas y de sábanas, sin mencionar la comida y la atención.

Trataba de atender a mis invitados, de enseñarles a mis hijos que hacían la escuela en casa, de enseñarles a las mujeres del estudio bíblico y de ocuparme de la casa. La lavadora se encontraba en el sótano sin terminar y sin calefacción. Para llegar al sótano, había que descender por una estrecha escalera de metal. Por lo general, me ponía la chaqueta para la nieve cuando iba a lavar la ropa. El dueño de la casa, al colocar la lavadora en el sótano, tuvo que hacerlo sobre una plataforma elevada. Entonces, para echar la ropa en la lavadora, había que usar una escalera de mano. Si a esto le sumamos que la lavadora solo podía lavar cuatro kilos de ropa en un período de dos horas y media, entenderás el problema. En una carga solo cabían cuatro o cinco toallas. ¡Y mi familia ya constaba de seis personas!

De manera peligrosa, llevaba un cesto cargado de ropa para lavar al húmedo sótano, seleccionaba las prendas y ponía las más problemáticas en la lavadora. Luego, subía las escaleras y colocaba el temporizador para las dos horas y media. Si no estaba pendiente del lavado de ropa, nos sepultaban las toallas sucias, las sábanas y la ropa.

Puedes imaginar todas las cargas de ropa que habré lavado para acomodar a todas nuestras visitas. Era agotador. A cada momento, me felicitaba: «Eres una sierva muy buena. Nadie se da cuenta de la manera ardua en que trabajas». Me lo decía cuando limpiaba la cocina a solas. Me lo decía cuando preparaba la comida a solas. Lo pensaba cuando les enseñaba a los niños. Lo decía cuando lavaba la ropa. Lo decía cuando doblaba la ropa. Lo pensaba cuando iba al mercado. Lo decía cuando hacía las camas. Sin duda, ¡me lo decía muchas veces!

Cuando pensé que ya habíamos terminado de atender a las visitas, Brian llegó a casa con otra visita más. No pude demostrar mi abatimiento porque, después de todo, «soy una muy buena sierva». Entré a la cocina que acababa de limpiar y allí encontré la gota que colmó el vaso: la licuadora estaba usada y sin lavar en el fregadero. De repente, comencé a gemir como nadie. Brian entró deprisa, seguro de que me había lastimado. Señalé la licuadora. No podía comprender mis lágrimas y mi consternación. Sin embargo, yo sí podía hacerlo. Estaba dolida porque nadie en toda aquella casa se daba cuenta de mi arduo trabajo. Nadie quería ayudarme. Comencé a gemir: «No soy más que la sierva de todos», lo cual *no* era una consideración adecuada.

Subí para empacar, decidida a irme a algún lugar donde me valoraran. Puse alguna ropa en mi maleta con rueditas y me dirigí hacia la puerta. Para mi desesperación, nadie intentó detenerme. Había recorrido unas tres cuadras cuando me di cuenta de que no tenía el pasaporte. Entonces, comencé a entrar en razón.

«¿Qué me sucede?», le pregunté al Señor mientras caminaba. El Señor me dio una rápida visión de lo que fueron las últimas cuatro semanas. Solo me pude ver comiendo el «bizcocho de la compasión» cada vez que hacía lo que consideraba una acción desinteresada.

Había vivido basándome en una dieta de bizcochos de compasión que alimentaban el monstruo de la autocompasión dentro de mí. Ese monstruo se había convertido en un dragón voraz que quería más compasión, pero la caja estaba vacía. Entonces, había gemido y exigido más bizcochos. No estaba muy segura de cómo le explicaría a Brian lo del monstruo cuando regresara a casa.

Mientras tanto, Brian había realizado todas mis tareas y estaba muy comprensivo. Pudimos reírnos juntos de buena gana. Desde esa vez, me aseguré de eliminar de mi dieta los bizcochos de la compasión.

En mi estado de autocompasión no fortalecía mi fe. En realidad, solo la disminuía al mirar nada más mis acciones sin recompensa. No utilizaba la gracia de Dios porque mi fe se basaba en mi propia bondad, en mi abnegación y en el trabajo arduo. Estoy muy agradecida a Dios por salirme al encuentro en aquella caminata y apartar de mí los bizcochos.

La falta de perdón

Así como el orgullo se concentra en el ego hasta dejar de lado la consideración del carácter de Dios, la falta de perdón se concentra en los demás y en las ofensas que nos han hecho. La falta de perdón les da la prioridad a todos los que nos han herido.

Es nuestra negación a soltar las injusticias y las heridas que nos han causado los demás. Se niega a ver cualquier propósito divino detrás del dolor o del sufrimiento que debió soportarse. Como «perdonar es cancelar la deuda del otro», el perdón implica no buscar una retribución por parte de quien nos hizo mal. Requiere que soltemos el dolor y la herida sin esperar una disculpa ni una compensación. Cuando la falta de perdón se establece, sentimos que nunca recibimos la suficiente retribución.

Esta actitud de falta de perdón es una violación directa a la exhortación de Jesús a perdonar. Cuando Jesús les enseñó a orar a sus discípulos, incluyó la frase de «y perdónanos nuestras deudas, como también nosotros perdonamos a nuestros deudores» (Mateo 6:12). Más adelante, Jesús explica esta petición: «Mas si no perdonáis a los hombres sus ofensas, tampoco vuestro Padre os perdonará vuestras ofensas» (versículo 15).

La falta de perdón nos impide disfrutar de la riqueza de la fe al negarnos a ver la mano de Dios en cada aspecto de nuestras vidas. Jesús señaló que ni siquiera un pajarillo cae a tierra fuera de la voluntad de Dios (Mateo 10:29). También dijo: «Así que, no temáis; más valéis vosotros que muchos pajarillos» (versículo 31).

Cuando nos negamos a perdonar, casi siempre se debe a que hemos perdido de vista la magnificencia del perdón que Dios nos otorgó en Cristo Jesús. Lo hemos perdido de vista porque no miramos a Jesús. Miramos al hombre y el poder del hombre. La falta de perdón es la sutil declaración de que el hombre es más poderoso que Dios, y que el dolor o la herida que una persona ha infligido es demasiado grande para que Dios la sane o la use para sus propósitos. La actitud de la falta de perdón empequeñece la persona de Dios y su poder y, por lo tanto, disminuye la fe.

La ingratitud

Mientras que el orgullo se centra en el ego, la falta de perdón se concentra en la gente y la ingratitud en las circunstancias. La persona malagradecida no puede ver que Dios orquesta todos los detalles de su vida. Las circunstancias abruman al ingrato y nunca ve la mano de Dios en el mundo que lo rodea. Pablo les dijo a los tesalonicenses: «Dad gracias en todo, porque esta es la voluntad de Dios para con vosotros en Cristo Jesús» (1 Tesalonicenses 5:18). La persona desagradecida se queja y murmura en todas las cosas en lugar de dar gracias.

Mientras que la ingratitud disminuye la fe, la gratitud la edifica. La acción de gracias es una manera de verlo «todo» bajo el control de Dios. Cuando nos damos cuenta de que nada puede tocarnos sin antes pasar por el filtro del amor de Dios, vemos su poder en *toda* circunstancia de nuestras vidas. Cuando adoptamos una actitud de acción de gracias, nos invade una sensación de expectativa de lo que hará Dios, porque sabemos que su participación es activa.

A muchas personas les cuesta soltar la falta de perdón y ser agradecidos. Muchas veces, no se dan cuenta del gran costo que tienen estas clases de orgullo con relación a su fe. El reconocimiento de estas actitudes y su entrega a Dios es importante para que tu fe continúe fortaleciéndose. El aferramiento a ellas aumenta la ansiedad y te impide recibir las recompensas y las promesas de la fe.

Si reconoces cualquiera de estas actitudes en tu vida, ¿por qué no tomas un momento ahora mismo para entregárselas a Dios? Permite que se restaure tu concentración en Él. Pídele a Dios que quite esa actitud y te ayude a verlo con mayor claridad.

¿Qué dice la Palabra de Dios?

1. Lee Marcos 11:22-26. ¿Con cuáles enemigos de la fe batallas más?

2. ¿De qué maneras específicas han afectado tu fe estos enemigos?

3. ¿Qué peligros ves en aferrarte a estos enemigos?

4. Solo para divertirte, escribe tu propia receta para los «bizcochos de compasión».

5. ¿De qué manera obstaculizan la fe estos «bizcochos de compasión»?

6. ¿Cuáles son las instrucciones de Jesús a sus discípulos cuando «estén orando» (Marcos 11:25)?

7. ¿Por qué esta instrucción es vital para las recompensas de la fe?

8. ¿Cómo motivarías a alguien a perdonar?

CUANDO UNA MUJER SE LIBERA DEL TEMOR

9. ¿Cómo fortalece la fe una actitud de acción de gracias?

10. Enumera diez cosas por las que puedes darle gracias a Jesús. Ahora, agradécele y alábalo.

- •   •
- •   •
- •   •
- •   •
- •   •

11. Según Filipenses 4:6, ¿qué elemento debe estar presente en nuestras oraciones?

12. ¿Qué pasos darás para quitar los enemigos de la fe de tu mente y corazón?

¡ESCOGE LA FE Y ENTRA EN LA AVENTURA DE DIOS!

Así es, tienes una opción. No tienes por qué ceder ante el temor. *Siempre* puedes escoger la fe. Ceder al temor no trae ningún beneficio. Si permites que el temor domine tus pensamientos, te aterrorizará, te paralizará y te desestabilizará. El temor no hará que la situación se disipe más rápido ni cambiará tus circunstancias de alguna manera.

No obstante, si escoges la fe, ¡perseverarás hasta la victoria! Recibirás el consuelo de Dios y tendrás un poderoso testimonio que contarles a tu familia y a tus amigos. Así es, siempre tendrás que hacer un *esfuerzo consciente* para escoger la fe por encima del temor, cuando una vez tras otra las circunstancias parecen abrumadoras. Hay cuatro pasos que me han resultado beneficiosos para escoger la fe. Espero que te ayuden a ti también. ¿Por qué no los pruebas?

1. *Confíale tu temor a Dios.* He descubierto que debo entregarle mi temor a Dios. Sé que puede resultar difícil soltarlo. Como mujeres, algunas veces nos sentimos responsables de aferrarnos al temor hasta que estemos seguras de que alguien hará algo al respecto. Por eso recomiendo que le confíe el temor a Dios. Puedes soltarlo cuando pones la situación en sus manos capaces.

¿Cómo le damos nuestro temor a Dios? Le confesamos cuál es el temor y cuál es su naturaleza y, luego, se lo damos.

2. *Decide creer que Dios obrará como lo ha prometido.* Cuando surge el temor, como lo hará, continúa entregándoselo a Dios para que Él lo solucione. Decídete a no ceder ante el temor. Opta por dejar la situación en sus manos.

3. *Recuerda lo que conoces de Dios.* Mi padre siempre dice que nunca debemos renunciar a lo que sabemos por lo que no sabemos. Conoces el carácter de Dios debido a que está revelado en la Biblia; no sabes lo que sucederá mañana. Sabes lo que Dios ya ha hecho por ti. Conoces las promesas de Dios para ti. Recuerda que nada te toca sin que pase antes por el filtro del amor de Dios. «Y sabemos que a los que aman a Dios, todas las cosas les ayudan a bien, esto es, a los que conforme a su propósito son llamados» (Romanos 8:28).

4. *Repasa la verdad de Dios.* Anota las promesas que Dios te ha dado en la Escritura. Canta o toca canciones que hablen sobre el carácter y las promesas de Dios. Si lo necesitas, repite en voz alta las verdades de Dios. Sigue repasándolas. Y cuando el temor te esté presionando, es más importante que nunca orar, leer y estudiar la Biblia, y tener comunión con los creyentes en Cristo. Nunca dejes de fortalecer la fe de estas maneras.

¡La aventura de tu vida te espera!

Cuando decides soltar tus temores y confiárselos a Dios, cuando escoges la fe, verás un cambio increíble en tu vida. Dios tiene grandes planes para ti y solo los descubrirás completamente cuando avances y te niegues a permitir que el temor tenga una fortaleza en tu vida. El temor no es tu amigo. Permite que la fe sea tu compañera y tu consuelo en la vida que Dios ha planeado para ti. Te bendigo, mi amiga, mientras tomas la mano de Dios y entras a la maravillosa aventura que Él ha preparado para ti.

¿Qué dice la Palabra de Dios?

1. ¿Cuáles son los desafíos actuales para tu fe?

2. Escoge un desafío específico en tu vida y confecciona dos listas. En la primera, registra las consecuencias negativas de escoger el temor. En la segunda, enumera los beneficios de escoger la fe.

3. Recuerda un momento en que elegiste el temor en vez de la fe. ¿Qué sucedió?

4. Ahora, recuerda un momento en que elegiste la fe en vez del temor. ¿Qué sucedió?

5. ¿En qué aspectos específicos de tu vida necesitas concentrarte en escoger la fe?

6. ¿Qué pasos puedes dar para consolidar esa decisión?

7. ¿Cuáles son los temores de los que estás lista para deshacerte y entrar a la aventura de la fe?

8. ¿Cómo iniciarás tu aventura?

FE EN TODO MOMENTO

Hace algunas semanas, sentí que el frío del temor me golpeaba con fuerza dinámica. Tenía la esperanza de ser invencible (o al menos tener una resistencia fuerte) al temor ahora que estoy creciendo en la fe, pero aprendí una valiosa lección. Todavía puedo asustarme. Todavía puedo tener momentos de duda. Por lo tanto, la mala noticia es que mientras estemos en esta tierra, tendremos momentos de temor. La buena noticia es que no tenemos por qué ceder a esos temores. Tenemos una opción. Podemos elegir el temor o decidir entregárselo a Dios y permitir que Él lo maneje.

David tomó la decisión de entregárselo a Dios cuando escribió: «En el día que temo, yo en ti confío» (Salmo 56:3). La opción de confiar en Dios es una decisión *consciente* que debo hacer. Tengo que *decidir* no ceder al pánico y *decidir* concentrar mi atención en quién es Dios y en lo que ha prometido. Yo *escojo* la fe en vez del temor.

Hace poco, me encontraba en Eugene, Oregón. En el viaje no tuve ningún problema. Pude volar gracias a la amabilidad de una querida amiga. No tuve ningún problema con los vuelos y alquilé un auto con facilidad. Las reuniones que celebré fueron mejores de lo que esperaba, y sentí la mano del Señor sobre mí en todo.

Antes de salir de viaje, Brian me advirtió: «Si hay hielo en las carreteras, no quiero que conduzcas». Yo accedí. En realidad, la idea de transitar calles heladas en una ciudad extraña hacía que recordara el porqué escribía un libro sobre el temor.

Conduje desde mi hotel hasta un centro comercial para comer un refrigerio antes de regresar a fin de empacar. Llovía y noté que mi pie resbalaba un poquito sobre la acera helada. No me preocupé demasiado. En caso de que hubiera hielo, había tomado precauciones. Tomaría un taxi para dirigirme hacia donde lo necesitara y la agencia de alquiler de autos recogería el vehículo.

Cuando regresé a mi habitación, caía agua y nieve, y la temperatura bajaba con rapidez. Preocupada, encendí el televisor para ver las noticias locales. Mientras el reportero documentaba los accidentes en la carretera debido al hielo, al pie de la pantalla apareció otro aviso anunciando que se cancelaban todos los vuelos.

Los planes de mi vuelo de regreso incluían una parada en el norte de California para visitar a mi hijo mayor y a su bella esposa. Estaba contentísima al saber que estaría con ellos el domingo por la mañana y escucharía predicar a mi hijo. Hasta ahora, no había podido formar parte de la audiencia cuando él enseñaba, así que esto sería el momento culminante de mi viaje.

Entonces, cuando apareció la noticia de que se cerraba el aeropuerto, me sentí tentada a entrar en pánico. *No*, pensé. *Tan solo necesito comunicarme con Nicole.* Nicole era la agente que me vendió los billetes. Llamé a su oficina y me encontré con que estaba de vacaciones. La tentación de entrar en pánico apareció otra vez. Sin embargo, me negué a permitir que estos pensamientos se apoderaran de mí. «Señor, debes tener un plan en todo esto. Por favor, dímelo», oré. Llamé a algunas amigas más y oré con una de ellas. Traté de ponerme en contacto con

Brian, pero no pude. Entonces, sonó mi teléfono. Nicole había oído que habían cancelado mi vuelo y tenía otra idea.

—¿Puedes llegar al aeropuerto de Portland?

—No lo sé. Está a casi ciento sesenta kilómetros y los caminos están cubiertos de hielo.

—Inténtalo. Si puedes llegar a Portland, puedo ponerte en otro vuelo.

Bajé a la recepción del hotel para ver qué opciones tenía para llegar a Portland. Había un transporte público que iba al aeropuerto y se podía llegar hasta allí con un taxi. Salía a las cuatro y media de la mañana, con lo cual llegaría a Portland a las siete. Debía tomar un taxi a las tres y cuarenta y cinco. Para una madre decidida que quería oír predicar a su hijo, todo era posible.

Pedí un taxi, llamé para reservar un lugar en el autobús y me fui a dormir, con la seguridad de que todo saldría bien.

A las once de la noche, llamó el servicio de transporte. Las carreteras estaban demasiado peligrosas para viajar. Habían cancelado el viaje. La posibilidad de entrar en pánico regresó... pero podía escoger la fe.

Me puse de rodillas y oré: «Señor, tú sabes cuánto quiero ver a Char predicar el domingo. No obstante, sé que tú tienes el control. Tienes propósitos más altos de lo que yo puedo ver en todas estas cosas. Te entrego mis temores, mis planes y mis expectativas». Sentí que la paz me inundaba. Llamé a la recepción y les pedí que cancelaran el taxi.

A las tres de la mañana, sonó el teléfono. Era el servicio de taxi. Querían saber si todavía quería el taxi. Les dije que no, ya que el ómnibus hasta el aeropuerto de Portland no saldría. Le dije al conductor del taxi que había oído que las carreteras estaban demasiado peligrosas como para conducir.

«Bueno, nosotros estamos conduciendo», dijo.

Eso me dio una idea. Entré a Internet y busqué otro servicio de transporte. Encontré uno. El conductor me dijo que ya tenía un pasajero desde Eugene hasta Portland a la misma hora que lo necesitaba yo. Me recogería en el hotel. Colgué el teléfono alborozada.

A las dos horas, llegó el autobús. El viaje hasta Portland fue arriesgado. Las carreteras estaban resbaladizas y cada pocos kilómetros había un auto fuera de la carretera que se había deslizado sobre el hielo.

Miré el reloj y me di cuenta de que no alcanzaría el vuelo. Llamé a Nicole y me dijo que buscaría otra opción. Una vez más, debía decidir entre ceder al temor o descansar en la fe. Escogí la fe.

Oí que el conductor conversaba con alguien por teléfono. Cuando terminó de hablar, conversamos. Me preguntó qué hacía y le dije que trabajaba en una iglesia. Me preguntó si era predicadora. Le dije que no, pero que mi padre, mi esposo, mi hijo y mi yerno lo eran. Se rió y, luego, me preguntó si oraba. Le dije que sí y que había estado orando por él. Me dio las gracias.

Era un musulmán que había emigrado de Turquía a Oregón. Había comprado el negocio de transporte hacía un año. Estaba casado y tenía dos preciosas niñas. Me mostró la foto y estuve de acuerdo en que eran hermosas. Mientras conversábamos, me contó sobre su vecina, Linda, que también emigró a Oregón. Al llegar a Estados Unidos, había estado muy desesperada, pero una iglesia se había hecho cargo de ella. Se había convertido a Cristo y ahora era una mujer de oración. Me contó que él o su esposa llamaban a Linda cada vez que necesitaban oración. Ella estaba orando por nosotros mientras viajábamos. «Es una cristiana de verdad», añadió.

Conversamos durante todo el viaje hasta el aeropuerto. Me contó que su esposa estaba preocupada porque tenía que conducir en las carreteras. Con gusto, le diría que tenía a bordo una mujer de oración.

Al llegar al aeropuerto, amablemente me ayudó con las maletas y me entregó su tarjeta. Luego, me dijo: «Y que Jesús la bendiga. ¡Que Jesús la bendiga!».

Algo había sucedido en ese viaje, ¡y sabía que Dios estaba en el medio! Mientras estaba sentada en el avión, asombrada ante todo lo sucedido en las últimas horas, le di gracias a Dios por su cuidado benevolente.

Al día siguiente, me senté en la primera fila de la iglesia de mi hijo y reprimí las lágrimas de gozo al escucharlo predicar sobre las parábolas de Jesús. Así es, existe un camino mejor que el del temor. Y al depender de Dios, ¡Él me sacó adelante!

Señor Jesús:
Gracias por amarme y por ser mi fortaleza. Por favor,
ayúdame a escoger siempre la fe en vez del temor. Te pido
que estés con la persona que lee este libro. Ella también
desea escoger la fe. Amén.

Acerca de la autora

La hija menor del pastor Chuck y Kay Smith, Cheryl, recibió la enseñanza de seguir a Jesús a una temprana edad. Su padre le inculcó el amor por la verdad bíblica y su madre le infundió pasión y entusiasmo por las promesas y las exhortaciones de la Escritura. Cheryl dice: «Mamá llenaba la casa con las promesas de Dios. Solía pagarme un centavo por cada versículo bíblico que me comprometía a memorizar». Su madre era una guerrera de oración y uno de los momentos decisivos en la vida de Cheryl fue cuando oyó a su madre intercediendo por ella. «Oí que mamá hablaba en su habitación. Me asomé para ver con quién hablaba y allí estaba: de rodillas, hablando con Jesús sobre mí».

Otra influencia poderosa fue la tía E.C., misionera y maestra de la Biblia. La tía E.C. fue ejemplo de la fe bíblica con tanto gozo y autenticidad que Cheryl quedó cautivada. Al recordar, Cheryl comenta: «Solía sentir que cuando la tía E.C. oraba, los ángeles del cielo abrían de par en par las puertas de acceso al Lugar Santísimo y Dios le daba la bienvenida con una gran sonrisa. Sus oraciones eran así de reales y poderosas. Se podía sentir el placer de Dios en su vida».

Cheryl experimentó una crisis de fe al final de su adolescencia, cuando le presentaron el intelectualismo y tuvo que luchar con la agitación emocional. Entonces, sintió que Jesús le preguntaba: «¿Qué harás conmigo?». Como respuesta, Cheryl le rindió por completo su vida.

Cheryl encontró al amor de su vida en un pequeño estudio bíblico en un hogar. Recuerda su primer encuentro: «Brian tenía un amor contagioso por Jesús. Mientras conversábamos sobre el Señor, yo repetía: "¡Increíble! ¡Tú amas a Jesús como yo amo a Jesús!"». Cuando regresaba a casa con unas amigas, les comentó que Brian era la clase de hombre con el que le gustaría casarse. A las dos semanas, él le pidió que salieran. Después de muchas citas, el padre de Cheryl los casó en la iglesia *Calvary Chapel* de Costa Mesa. Dios bendijo a la joven pareja con cuatro hijos: dos niñas y dos niños. Cuando Brian se hizo cargo del pastorado de una pequeña iglesia de *Calvary Chapel* en Vista, California, Cheryl comenzó a enseñarles la Biblia a las mujeres una vez a la semana. A los cuatro años, la iglesita desbordaba de gente y lo mismo sucedía con el estudio bíblico para mujeres.

Los Brodersen se mudaron a Londres para establecer *Calvary Chapel* a algunas cuadras del palacio de Buckingham. Al principio, los asistentes eran pocos, pero Dios fue fiel y llegaron cada vez más personas. Cheryl daba dos estudios bíblicos a la semana para las mujeres, enseñaba a sus cuatro hijos que hacían la escuela en casa, trabajaba en el ministerio con los niños y hospedaba a muchos visitantes.

A petición de Chuck Smith (el padre de Cheryl), los Brodersen regresaron a California. Hoy en día, Brian sirve en el pastorado de *Calvary Chapel* de Costa Mesa y Cheryl se ha hecho cargo del estudio bíblico semanal para mujeres *Joyful Life*. Ella y Brian también auspician el programa de respuestas bíblicas *Pastor's Perspective*. Hace más de veintiséis años que Cheryl ministra como oradora en retiros, en conferencias, como maestra de la Biblia, como esposa, madre y, ahora, abuela. «Lo que más disfruto del ministerio a las mujeres es observar el poder transformador de la Palabra de Dios sobre sus vidas».